Sharon Salzberg

Vertrauen heißt, den nächsten Schritt zu tun

Sharon Salzberg

Vertrauen heißt, den nächsten Schritt zu tun

Mein spiritueller Weg

Aus dem Amerikanischen von Eva Ottmer

FREIBURG · BASEL · WIEN

First published in the United States
under the titel FAITH by Sharon Salzberg.
© 2002 by Sharon Salzberg.
Published by arrangement with Riverhead Books,
a member of Penguin Group (USA) Inc.

Gedruckt auf umweltfreundlichem,
chlorfrei gebleichtem Papier
Alle Rechte vorbehalten – Printed in Germany
© der deutschen Ausgabe:
Verlag Herder Freiburg im Breisgau 2003
www.herder.de
Satz: Rudolf Kempf, Emmendingen
Herstellung: fgb · freiburger graphische betriebe 2003
www.fgb.de
ISBN 3-451-28173-2

Für meine Lehrer,
die mich das Leben gelehrt haben.

Inhalt

Kapitel 7

Dank

So viele Menschen haben mir seit 1996, als in mir die Idee, ein Buch über Vertrauen zu schreiben, zum ersten Mal entstand, geholfen, dass es mir gar nicht möglich ist, sie alle namentlich aufzuführen. Unter ihnen sind wundervolle Freunde, die mir geholfen haben, mein Verständnis von Vertrauen durch Diskussion, Inspiration oder deren Lebensbeispiel zu bilden. Zu ihnen gehören Joseph Goldstein, Tara Bennett-Goleman, Dan Goleman, Sarah Doering, Ram Dass, Sunanda Markus, Mark Epstein, Bob Thurman, Lila Anderson, Magie Spiegel, Dorothy Austin und Sylvia Boorstein.

Einige weise und großzügige Menschen halfen mir auf meinem Weg durch den Veröffentlichungsprozess, gaben mir Feedback zu meinem Manuskript oder erinnerten mich daran, dass die Essenz guten Schreibens darin liegt, „die Wahrheit zu sagen", und wiesen mich darauf hin, wenn ich dem nicht nachkam. Zu ihnen gehören Amy Gross, Mark Matousek, Tracy Cochran, Naomi Wolf, Patty Gift, Elizabeth Cutthrell, Marsha Norman, Dean Ornish, Jonathan Cott, Barbara Graham, Kate Wheeler, Catherine Ingram und Jeff Zaleski.

Während ich dieses Buch schrieb, wurde ich aufgenommen

und verköstigt, unterstützt und umsorgt von Anna Buck, Jen Greenfield, Gina Thompson, Daidie Donelly, Julie Tato, Anne Millikin, Fred Hanson, dem Personal, dem Vorstand und den Lehrern von IMS, Davine Fox, Mitch Kapor und meinem außergewöhnlichen Yogalehrer John Friend. Gyano Gibson und Eric McCord, das Heimteam, sorgten dafür, dass mein restliches Leben weiterlief, damit ich schreiben konnte. Eric tat alles, angefangen damit, dass er mir half, an einem Samstagmorgen die fehlende Werkzeugleiste auf dem Computermonitor zu finden, über Genehmigungen, bis hin zu allen Fragen in Sachen Computer. Gyano half mir bei zahlreichen schwierigen Entscheidungen darüber, was gesagt werden musste, bearbeitete unendlich viele Stunden die Veränderungen im Computer und hat mich standhaft durch die vielen Seitenwege dieser Reise begleitet.

Shoshana Alexander setzte sich 1997 zum ersten Mal mit mir hin, um mich zu fragen, was ich in meinem Buch über Vertrauen sagen wollte. Seither hat sie mich immer wieder ausgefragt, um mit mir herauszufinden, was ich wirklich sagen wollte. Sie half mir, eine Struktur zu schaffen, wenn sich keine anbot, und sie half mir jedes Mal, eine neue Struktur zu schaffen, wenn ich es mir anders überlegte. Sie gab mir Schreibunterricht und bearbeitete mindestens zehn Entwürfe der meisten Kapitel. Joan Oliver stellte stundenlange Nachforschungen an, gab mir moralische Unterstützung und trug durch ihr feines Sprachgefühl und ihre präzise Ausdrucksweise unermesslich zum Manuskript bei. Cathy Saypol schenkte mir in einem Anfall von Eingebung einen Untertitel.

Ich schulde meiner Agentin Joy Harris großen Dank für eine Beziehung, die mir einmal zutreffend als „die an eine

bedingungslose Liebe am nächsten heranreichende Geschäfts-
beziehung" beschrieben wurde. Ihre Fürsorge und Klarheit
haben mich durch den gesamten Prozess hindurch gehalten,
von dem Zeitpunkt an, an dem ich zum ersten Mal in ihrem
Büro erschien und sagte: „Ich bin eigentlich gar keine Autorin,
ich bin eine Meditationslehrerin", bis hin zu diesem Augenblick.

Ohne Amy Hertz, meine Verlegerin bei Riverhead, wäre dieses Buch niemals entstanden. Amy hat mir immer vertraut,
auch als ich entmutigt oder verwirrt war, und ihre klare Sicht,
bemerkenswerte Intelligenz und ihre Professionalität haben
das ganze Projekt bei der Stange gehalten und meine Arbeit
auf eine gänzlich andere Ebene gehoben.

Mein besonderer Dank gilt Krishna Das, dessen CDs mich
viele Male um zwei Uhr nachts während des Schreibens begleitet haben und dessen Gebete mich immer wieder zu den
Dingen zurückführten, die mir wichtiger als alles andere sind;
und den Menschen in New York City, die ich unterrichtet habe
und mit denen ich meditiert habe, die über Jahre hinweg
meine guten Freunde geworden sind und die mich seit dem
11. September immer daran erinnert haben, was Vertrauen ist.

Einführung

Eines Tages rief mich eine Freundin an und fragte mich, ob wir uns auf einen Tee treffen könnten. Sie wusste, dass ich ein Buch über Vertrauen aus buddhistischer Perspektive schrieb. Das verwirrte sie, und sie hatte das Bedürfnis zu reden. „Wie kannst du ein Buch über Vertrauen schreiben, ohne dich dabei auf Gott zu beziehen?", fragte sie. „Geht es in der Religion denn nicht vor allem darum?" Ihr Anliegen entsprach unserem allgemeinen Verständnis von Vertrauen im religiösen Kontext – als einem Synonym für Gefolgschaft. Aber die Tendenz, Vertrauen mit Doktrin gleichzusetzen, lenkt von dem ab, worum es bei Vertrauen eigentlich geht. Nach meinem Verständnis – ob Vertrauen nun mit einer Gottheit in Verbindung gebracht wird oder nicht – liegt seine Essenz darin, uns selbst zu vertrauen, um die tiefsten Wahrheiten zu entdecken, auf die wir uns verlassen können.

Für einige ist das sicherlich ein ganz neuartiger Zugang zum religiösen Vertrauensbegriff. Viele verbinden damit ein engstirniges Glaubenssystem, den Mangel an intelligenter Untersuchungshaltung oder die schmerzliche Erfahrung, seine Fragen für sich behalten zu müssen. Vertrauen mag Bilder von

Unterwerfung unter eine äußere Autorität hervorrufen. In der Vergangenheit wurde die Idee des Vertrauens dazu benutzt, eine klare Grenze zwischen denjenigen zu ziehen, die einer Gruppe von Auserwählten angehörten, und denjenigen, die davon ausgeschlossen waren. Fanatiker spannen das, was sie Vertrauen nennen, vor ihren Hass, um ihren eigenen erbitterten Kampf zu nähren. Ich möchte einen neuen Gebrauch des Wortes Vertrauen einführen, einen, der nicht mit einer dogmatischen, religiösen Interpretation oder mit Spaltung assoziiert wird. Ich möchte mit diesem Wort Freude erwecken und helfen, Vertrauen als frisch, lebendig, intelligent und befreiend neu zu beleben. Dies ist ein Vertrauen, das den Schwerpunkt auf einem Fundament der Liebe und dem Respekt für uns selbst setzt. Es ist ein Vertrauen, das unsere Verbindungen zu anderen zeigt, anstatt irgendjemanden als isoliert und abgetrennt zu brandmarken.

Vertrauen braucht kein Glaubenssystem und ist nicht notwendigerweise an eine Gottheit oder an Gott gebunden, obwohl es solche Vorstellungen auch nicht ablehnt. Dieses Vertrauen ist keine Sache, die wir entweder haben oder nicht haben – es ist eine innere Qualität, die sich in dem Maß entfaltet, in dem wir lernen, unserer eigenen tiefsten Erfahrung zu vertrauen.

Der Buddha sagte: „Vertrauen ist der Anfang alles Guten." Was auch immer uns im Leben begegnet, es ist Vertrauen, das uns dazu befähigt, es noch einmal zu versuchen, noch einmal Vertrauen zu schenken, noch einmal zu lieben. Selbst in Zeiten schwersten Leidens ist es das Vertrauen, das uns die Kraft gibt, den gegenwärtigen Augenblick so zu betrachten, dass wir weitergehen können, dass wir nach vorne blicken können, anstatt uns in Resignation oder Verzweiflung zu verlieren. Vertrauen verbindet unsere gegenwärtige Erfahrung, ob wundervoll oder schrecklich, mit dem allem zugrunde liegenden Puls des Lebens selbst.

Jeder Mensch trägt die Fähigkeit zu dieser Art des Vertrauens in sich. Vielleicht erkennen wir sie nicht oder wir wissen nicht, wie wir sie aufbauen können, aber wir können beides lernen. Dieses Buch ist die Geschichte meiner eigenen Reise des Vertrauens. Möge es dazu dienen, das Ihre zu unterstützen und zu stärken.

KAPITEL 1

Die Reise des Vertrauens

Wir alle erzählen uns eine Art Geschichte darüber, wer wir sind und worum es in unserem Leben geht. Unser Thema mag das Streben nach Geld, Sex oder Prestige sein, vielleicht dreht es sich um Liebe oder Spiritualität. Einige sehen in sich den Helden der Geschichte, manche den Anti-Helden. Unsere Geschichte mag pikaresk, romantisch oder tragisch sein. Uns selbst entwerfen wir vielleicht als Optimisten oder Pessimisten, als Gewinner oder Verlierer. Die Art und Weise, wie wir unsere eigenen Erfahrungen interpretieren, führt zu den Erzählungen, denen wir unser Leben widmen. Einige Geschichten fügen die Fragmente unserer Erfahrung zu etwas Größerem zusammen, das Beziehung und Verbindung offen legt. Andere Geschichten stellen sich nur bruchstückhaft dar, so dass wir aus ihnen keine Richtung erkennen können.

Wie so viele andere auch erzählte ich mir über Jahre hinweg die Geschichte, dass ich es nicht verdiente, glücklich zu sein. Meine ganze Kindheit hindurch glaubte ich, dass irgendetwas mit mir einfach nicht stimmen konnte, weil sich meine Situation niemals zum Besseren zu verändern schien. Mein Vater, den ich über alles liebte, verschwand, als ich vier war, und meine Mutter und ich zogen bei meiner Tante und bei meinem Onkel ein. Eines Abends – ich war gerade neun Jahre alt –, waren meine Mutter und ich allein zu Hause. Sie hatte sich kurz zuvor einer Operation unterzogen und schien sich gut zu erholen. Um ihre Entlassung aus dem Krankenhaus zu feiern, trug ich mein Ballerina-Kostüm. Wir saßen zusammen auf der Couch und sahen ihren Lieblingssänger Nat King Cole im Fernsehen, als sie plötzlich heftig zu bluten anfing. Ich rannte in den Hausflur, um Hilfe zu holen, konnte aber niemanden finden. Meine Mutter schaffte es noch, mir aufzutragen, sofort einen Krankenwagen zu rufen und danach meiner Großmutter, die ich kaum kannte, Bescheid zu geben, damit sie mich abhole. Unkontrolliert zitternd tat ich, wie sie mir sagte. An diesem Abend sah ich meine Mutter zum letzten Mal. Sie starb etwa zwei Wochen später im Krankenhaus. Nach ihrem Tod lebte ich bei den Eltern meines Vaters, und meine Mutter wurde kaum jemals wieder erwähnt.

Meine Kindheit war auch später von entsetzlichen, entwurzelnden Ereignissen und schmerzhaften Verlusten geprägt. Als ich elf war, starb mein Großvater, und eines Tages kehrte mein Vater zurück. Doch anstelle des schönen Prinzen, den ich mir insgeheim vorgestellt hatte, trat ein ungepflegter, abgebrühter, rastloser Fremder in mein Leben. Einige Tage nach seiner Ankunft bekam ich einen heftigen Ausschlag am ganzen Körper. Als ich vom Arzt zurückkam, sagte mein Vater zu mir: „Du musst zäh sein, wenn du im Leben bestehen willst." Sechs Wochen später nahm er eine Überdosis Schlaftabletten. Ich stand draußen in der Kälte an der Hand meiner Großmutter inmitten einer Menge gaffender Nachbarn, als er auf einer Bahre hinausgetragen wurde. Ich sah, wie das Blaulicht des

Krankenwagens langsam in der Dunkelheit verschwand und das Heulen der Sirenen leiser wurde. Nun hatte ich beide Eltern verloren. Denn in dieser Nacht wurde mein Vater in die Psychiatrie eingewiesen. Er sollte nie wieder imstande sein, außerhalb der Mauern dieser Institution zu leben.

Mit am härtesten traf mich bei all dem Verlust und der Entwurzelung, dass alles, was geschehen war, in düsteres Schweigen gehüllt wurde. Weil niemand offen darüber sprach oder die Veränderungen auch nur als Verlust anerkannt hätte, blieben meine tiefe Trauer, mein Zorn und meine Verstörtheit in meinem Inneren verborgen. Wenn doch einmal etwas nach außen drang, bemühte ich mich, meine Gefühle zu verleugnen oder sie so zu verzerren, dass niemand sie erkennen würde, vor allem ich selbst nicht. Als John F. Kennedy ermordet wurde, konnte ich nicht aufhören zu weinen. Meine Großmutter fragte mich, warum, und ich antwortete: „Weil seine Kinder ihren Vater verloren haben."

Die Geschichte, die ich mir erzählte, war, dass es ohnehin nicht darauf ankam, was ich fühlte. Es scheint, als hätte ich den Großteil meiner Kindheit und selbst meiner Jugend eingerollt im Bett liegend verbracht, verloren in einer abgetrennten, schattenhaften Existenz voller Traurigkeit. Immer wieder entwarf ich Szenarien, in denen ich Eltern hatte wie jeder andere auch. Der Traum, so wie jedes andere Kind auch die Frage des Schullehrers zu beantworten – „Welchen Beruf hat dein Vater?" –, war die Flamme, die das Feuer vieler meiner geheimen Phantasien nährte. Ich stellte mir vor, dass meine Mutter von einer langen Reise zurückkehrte, so wie die Mutter eines jeden anderen Kindes es hätte tun können. Aber ich war ganz und gar nicht so, wie die anderen zu sein schienen. Natürlich war auch keiner von ihnen so, wie es den Anschein hatte, aber das wusste ich damals noch nicht. Da ich mich so anders fühlte, ging ich lieber auf Nummer Sicher, betrachtete das Leben aus einem gewissen Abstand heraus, ließ mich auf nichts wirklich ein und zog es vor, mich im verführerischen Spiel von Apathie und Lustlosigkeit zu verlieren.

Während sich die Träume und Wünsche still in meinem Inneren abspielten, bestand ich in den meisten Situationen tapfer darauf, „dass ich das sowieso nicht haben wollte". In der Zeit, als ich bei meinen Großeltern lebte, kamen gerade Farbfernseher groß in Mode. Ich wollte gerne einen haben, aber meine Großeltern konnten sich keinen leisten. Zum Trost kaufte meine Großmutter, die sich sehr um mich sorgte, eine spezielle Plastikfolie, die man über den Schwarzweißbildschirm ziehen konnte, um damit eine schwache Illusion von Farbe zu erzeugen. Diese Regenbogenaura hatte keinerlei Bezug zu den Figuren und Schauplätzen der Geschichten, die gesendet wurden. Ich wollte diesen bizarren Überzug herunterreißen und echte Bilder sehen; stattdessen tolerierte ich die Scharade stillschweigend. Ich ließ nichts an mich herankommen, oder zumindest hoffte ich, dass es nach außen so wirkte. Ich lernte den Schutz kennen, den Distanz, eine enge, komprimierte Welt, verleiht. Obwohl ich selbst es war, die sich zurückzog, fühlte ich mich verlassen. Die Geschichte, die ich mir erzählte, war, dass es keinen Ausweg aus der Welt gab, die mich in meinem Innersten gefangen hielt.

• • •

Jahre später, als Erwachsene, fand ich den Satz, der mein Dilemma perfekt in Worte fasste. Ein paar Freunde und ich hatten ein Haus am Meer gemietet, wo wir einige Tage meditieren wollten. In dem Zimmer, in dem ich untergebracht war, fand ich einen Comicstrip der „Peanuts" auf dem Schreibtisch, der ungefähr so ging: Lucy sitzt in einer kleinen Kabine, draußen hängt ein großes Schild mit der Aufschrift „Arzt". Sie sagt zu Charlie Brown: „Weißt du, was dein Problem ist, Charlie Brown? Dein Problem ist, dass du bist, wer du bist." Vernichtet fragt Charlie Brown: „Was in aller Welt kann ich denn da machen?" Lucy antwortet im letzten Bild: „Ich behaupte nicht, dass ich dir zu irgendetwas raten kann. Ich zeige nur das Problem auf."

„Dein Problem ist, dass du bist, wer du bist" war eine sehr vertraute Wendung – das „ich, das ich war" war jemand, den ich oft als Problem angesehen hatte. Viele Menschen scheinen eine verinnerlichte Lucy zu besitzen, die ihnen sagt, dass sie selbst das Problem sind und dass es keinen Ausweg gibt und wenig Grund, Vertrauen in sich selbst zu haben oder in die Möglichkeit, eine Veränderung im Leben herbeizuführen.

Tatsächlich behielt Lucy die Oberhand, bis ich achtzehn war. Doch mein Widerstand ihr gegenüber und mein Wunsch, stärker am Leben teilzunehmen, fühlten sich mit der Zeit wie das Lebendigste, Sprühendste an mir an. Ich ertappte mich oft dabei, wie ich mich bei vielen Herausforderungen nicht wirklich anstrengte, weil ich insgeheim davon überzeugt war, dass ich sowieso scheitern würde. Ich lernte, mein Leben in einer Art von Winterschlaf zu halten. Über Jahre sprach ich kaum. So gut wie nie erlaubte ich mir eine echte, tief empfundene Emotion – keinen Zorn, keine Freude. Mein ganzes Leben fühlte sich wie eine verwitternde Klippe an, auf der ich gestrandet war. Ich wartete, unfähig, etwas zu tun.

Auch wenn das Warten dem Tode ähnelt, so ist es doch nicht unbedingt die Vorstufe zum Tod, sondern eher eine Art von Lebenskraft, die sich selbst konserviert. Als Kind war die Raupe mein Lieblingstier gewesen, niemals ein Hund oder eine Katze. Und auch kein Schmetterling. So, wie die Körpertemperatur vor einem chirurgischen Eingriff gesenkt wird, um die Lebensfunktionen zu verlangsamen, hing mein Leben davon ab, aus Zeit und Erwartung herauszutreten. Ich wartete auf ... *etwas Besonderes.*

Mit sechzehn schrieb ich mich an der State University von New York in Buffalo ein, wo ich mich genauso verloren und verängstigt fühlte wie zuvor. Inzwischen war der glatte, eintönige Schutz des Winterschlafes, der mich einst gerettet hatte, im Begriff, mich zu verschlingen. Ich war immer mehr gezwungen, aus meinem Schlummer zu erwachen. Ich musste mich für ein Hauptfach entscheiden. Dies konfrontierte mich mit der Notwendigkeit zu definieren, was ich aus meinem Leben machen wollte. Diese eine Wahl brachte die ganze Unsicherheit und das Risiko mit sich, die dazugehören, wenn man herausfindet, was es bedeuten könnte, lebendig zu sein. Mal überlegte ich, Geschichte als Hauptfach zu studieren, mal Philosophie. Ich hörte, dass das Institut für Asienstudien einen Kurs in buddhistischer Philosophie anbot und meldete mich an.

Eine der grundlegenden Lehren des Buddha ist, dass wir Leid erleben, weil wir geboren werden – nicht nur Leid in Form heftigen Schmerzes, sondern auch das Leid der Instabilität, des Kummers, der Hohlheit des Lebens. Manchmal besteht das Leiden einfach in der Unzufriedenheit, dass die Dinge nicht so verlaufen, wie wir uns das wünschen. Manchmal ist die Frustration nur gering, manchmal ist der Schmerz unaussprechlich. Als ich die Erste Edle Wahrheit hörte, wusste ich, dass sie stimmte. Die Umstände meines eigenen Lebens bestätigten sie.

Die Zweite Edle Wahrheit bestimmt die Ursachen für das Leiden: Unwissenheit und Anhaftung. Ich war mir nicht ganz sicher, was Anhaftung bedeutete, aber ich nahm an, dass ich es am Ende des Semesters verstehen würde. Die Erklärung zur Unwissenheit war faszinierend. Die Zweite Edle Wahrheit beschreibt, wie wir unsere persönliche Geschichte, unseren Körper, unsere Gedanken und Gefühle betrachten und zu dem Schluss kommen: „Das bin ich." Aber wenn wir dies alles betrachten, um herauszufinden, wer wir wirklich sind, verbrauchen wir unsere Energie und sind am Ende erschöpft. Innerhalb von zehn Minuten können wir Traurigkeit, Belustigung, Zorn und Mitgefühl erleben; wir erfahren körperliches Wohlgefühl, Beschwerden, Erleichterung, Sorge, dass die Beschwerden wieder auftreten. In einem Moment erleben wir uns als kraftvoll und im nächsten als kraftlos. Da unsere Gedanken und Gefühle und Empfindungen sich wandeln und verändern, löst sich jede oberflächliche Idee davon, wer wir sind, auf. Wir bemühen uns vielleicht mit aller Macht, eine feste Vorstellung davon zu bewahren, wer wir sind, weil wir uns davor fürchten, nichts zu sein und nirgendwo zu sein. Solange wir nicht wissen, was sich unterhalb unserer oberflächlichen Identifikationen befindet, werden wir unglücklich sein, so die Lehre.

Gibt es einen Ausweg? Die Dritte Edle Wahrheit versichert dies mit Nachdruck. Diese Wahrheit wird auf verschiedene Weise beschrieben: als Weisheit, die die Natur des Lebens vollkommen versteht; als Befreiung von verzerrten Vorstellungen darüber, wer wir zu sein glauben, indem wir klar erkennen, wer wir wirklich sind; als grenzenlose, ungehinderte Liebe für uns selbst und alle anderen ohne Ausnahme; als Erfahrung dessen, was unterhalb unserer sozialen Konditionierung liegt, als das, was uns vom Leiden befreit.

Die Meditationstechniken, die von den Weisheitslehrern der Vergangenheit entwickelt wurden und in der Vierten Edlen Wahrheit festgehalten sind, zeichnen den Weg, der zu dieser Befreiung führt. All dies legt eine radikal andere Weise nahe, eine Lebensgeschichte zu erzählen – nämlich, sie so wie der Buddha zu erzählen. Die Autorin Hannah Arendt schreibt über die Kraft einer Geschichte, unserem Leben einen Zusammenhang zu verleihen, Folgendes: „Die Geschichte enthüllt die Bedeutung dessen, was sonst eine unerträgliche Folge bloßer Ereignisse bliebe." Die Geschehnisse unseres Lebens als „bloße Ereignisse" wahrzunehmen, ist in der Tat unerträglich. Ich war im Begriff, eine Geschichte zu entdecken, die es ermöglichte, die verstreuten Scherben meines Lebens aufzusammeln und sie in einer neuen, anderen Weise zusammenzusetzen.

In der Geschichte des Buddha geht es darum, sich vom Leiden zu befreien. Sie bietet einen Ausweg aus Charlie Browns Problem – und einen Weg, unserem enormen Potential zu vertrauen anstelle der herabsetzenden Stimme Lucys zu glauben. Ich war fasziniert von der Möglichkeit, das Ruder meines Lebens herumzureißen, es von Resignation und Kummer zu befreien, die meine persönliche Geschichte so lange geprägt hatten. Eine Art inneres Wissen von dem, worauf ich gewartet hatte, regte sich.

• • •

Der Höhepunkt in der Geschichte des Buddha ist seine Erleuchtung. Siddhartha Gautama, geboren als indischer Prinz, war ein *Bodhisattva*: Er strebte danach, ein Buddha zu werden, ein Erwachter, um fähig zu sein, alle Wesen von ihrem Leid zu befreien. Nach Jahren, in denen er verschiedene Methoden ausprobiert hatte, um seinen Geist zu reinigen und Einsicht zu erlangen, setzte er sich eines Abends unter einen Baum und war entschlossen, nicht eher aufzustehen, als bis er von jeder Verwirrung, jeder Unwissenheit und jeder Begrenzung frei sein würde. Während er in tiefer Meditation saß, wurde er von der legendären Gestalt Mara angegriffen – dem Zerstörer der Tugend, dem Zerstörer des Lebens. Mit verlockenden und lustvollen Visionen, mit heftigen Regen- und Hagelstürmen, mit abscheulichen Bildern versuchte Mara, ihn von seinem Vorhaben abzubringen. Aber während all dies auf ihn einstürmte, saß Siddharta in tiefer Versenkung.

Es ist von Bedeutung, dass sich Maras letzter Angriff gegen das Vertrauen des Bodhisattvas in seine eigenen Fähigkeiten richtete. Im Wesentlichen sagte Mara: „Was glaubst du eigentlich, wer du bist, dass du hier sitzt mit diesem ungeheuerlichen Vorhaben? Was lässt dich daran glauben, dass du wirklich erleuchtet werden kannst?"

Das war Lucy, mit der Stimme Maras. Der Bodhisattva reagierte auf diese Herausforderung, indem er seine Hand hinab-

senkte und die Erde berührte. Damit bat er sie, Zeugnis abzu-
legen für all die Zeiten in seinem Leben, in denen er Freigebig-
keit und Tugend, Güte und Weisheit geübt hatte. Er bat die Erde
zu bezeugen, dass er das Recht dazu hatte, hier zu sitzen und
volles Verstehen und grenzenloses Mitgefühl anzustreben. Als
der Bodhisattva den Boden berührte, so erzählt die Legende,
bebte die Erde, um sein Recht auf Freiheit zu besiegeln. Damit
war Mara besiegt, und er floh. Der Bodhisattva saß den Rest
der Nacht in tiefer Meditation, und als der erste Morgenstern
aufging, war er erleuchtet.

Diese Geschichte enthält das Versprechen, dass die Befreiung des Geistes von seinen Gewohnheiten des Schmerzes
und der Angst real und ein erreichbares Ziel ist, nicht nur für
den Buddha, nicht nur für einige wenige andere, sondern für
jeden, der die Anstrengung unternimmt. Die Botschaft, dass
alle Wesen glücklich sein wollen und dass sie es tatsächlich
verdienen, glücklich zu sein, wird die ganze Geschichte hindurch in leuchtenden Lettern verkündet.

Unsere tief verwurzelte Gewohnheit, das Leben so zu betrachten, als stünden wir vor einer Bäckerei, unsere Nasen gegen
die Fensterscheibe gedrückt, überzeugt davon, dass keine der
guten Sachen im Inneren vielleicht für uns bestimmt sein könnte, steht in krassem Gegensatz zu diesem grenzenlosen, atem-
beraubenden Miteinschließen. Die Stimme der inneren Lucy
platziert uns außerhalb der Bäckerei und sagt: „Leben, Freiheit,
Glück, Liebe sind für andere, nicht für dich." Der Buddha reicht
uns seine Hand und bietet uns an, uns direkt hineinzuführen.
Hier war ein Versprechen, dass ich am Ende unbelastet vom
Schmerz der Vergangenheit leben könnte. Diese Sicht davon,
was das Leben sein könnte, zog mich an wie ein Magnet.

Obwohl sich mein Leben langsam öffnete, wurde ich auch in meinem zweiten Jahr auf dem College nur in den eineinhalb Stunden dienstags und donnerstags in meinem Kurs über asiatische Philosophie richtig lebendig. Hier konnte ich den Gedanken zulassen, dass ich eines Tages vielleicht wirklich glücklich sein könnte, auch wenn meine Familie so ganz und gar nicht dem Bild entsprach, von dem ich träumte. Vielleicht brauchte ich nicht für immer einsam und angsterfüllt zu sein. Während der wiederholte Zerfall meiner Familie meine Furcht aufrechterhielt, hauchte mir dieser Hoffnungsschimmer Leben ein.

Wie eine unterschwellige Botschaft, die im Hintergrund der eigentlichen Musik gespielt wird, treibt selbst das geringste Gespür für das Mögliche einen Keil zwischen das Leid, mit dem wir jeden Morgen aufwachen mögen, und die Hoffnungslosigkeit, die versuchen kann, dauerhaft von uns Besitz zu ergreifen. Es ist inspirierend, sich ein besseres Leben für sich selbst vorzustellen. Es ist dieser erwachende Sinn für das Mögliche, der den Anfang des Vertrauens bildet.

Als ich erfuhr, dass ein Jugend-Auslands-Jahr auf dem Programm unserer Schule stand, reizte mich das sehr. Trotz der Tatsache, dass ein kurzer Ausflug nach Florida das einzige Mal gewesen war, dass ich den Staat New York verlassen hatte, fühlte ich mich bereit, alles hinter mir zu lassen, was ich bisher gekannt hatte, und an einen Ort zu reisen, über den ich nichts wusste. Ich konnte nicht länger bloß ertragen, konnte nicht länger nur halblebendig sein und lediglich über die Runden kommen; ich sehnte mich nach Eingliederung, nach dem Gefühl, irgendwohin zu gehören. Ich wollte meinen Platz in der Welt einnehmen.

Wenn ich erzähle, dass ich mich entschied, nach Indien zu gehen, als ich erst achtzehn Jahre alt war, glauben die Leute oft, dass ich wusste, was ich tat. Einmal bemerkte jemand: „Du musst so eine klare Denkerin gewesen sein", und ich musste ganz ehrlich anworten: „Nein, tatsächlich hatte ich nur einen klaren Gedanken", welcher darin bestand, dass ich das „Problem", das ich war, lösen können würde, wenn ich lernte, wie man meditiert. Dieser eine klare Gedanke war genug. Er brachte mich auf eine Reise, mit der mein Leben noch einmal neu begann.

In Pali, der Sprache der buddhistischen Originaltexte, heißt das Wort, das normalerweise mit Vertrauen übersetzt wird, *saddha*. Saddha heißt wörtlich „das Herz hinlegen." Vertrauen zu haben bedeutet, sein Herz darzubieten oder sein Herz zu überreichen. Die „unerträgliche Abfolge bloßer Geschehnisse", die mein Leben gewesen war, schien in der Lehre des Buddha zusammenzukommen, und ich war bereit, dieser Lehre mein Herz hinzulegen. Vielleicht hatte ich das bereits getan. Die Verheißung von Glück hatte eine Stelle so tief in mir und so unbekannt berührt, dass das, was ich dort aufgeweckt hatte, ungebärdig, nicht durch Worte zu fassen und ursprünglich war. Heute erkenne ich dies als die ersten Regungen des Vertrauens.

In Pali ist das Vertrauen ein Verb, eine Aktion, so wie auch im Lateinischen und im Hebräischen. Vertrauen ist kein singulärer Zustand, den wir entweder haben oder nicht haben, sondern es ist etwas, was wir tun. Wir „vertrauen".* Saddha ist

---

* Die Autorin übersetzt *saddha* mit „faith", das nur als Substantiv existiert. Sie schlägt das Verb „faithe" vor, um den Handlungscharakter zu verdeutlichen. Im Deutschen ergibt sich das Problem nicht, da „Vertrauen" die substantivierte Form des Verbs „vertrauen" ist (Anm. d. Ü.).

die Bereitschaft, den nächsten Schritt zu tun, das Unbekannte als ein Abenteuer zu betrachten, eine Reise zu unternehmen. Der Autor und Philosoph John O'Donohue betrachtet die Geschichte des Aeneas, des Helden in Virgils Epos über die Gründung Roms, als eine archetypische Reise des Vertrauens. Als Aeneas dem troianischen Krieg entflieht, hat er keine Ahnung, wo er hingehen soll und was vor ihm liegt. Er nimmt sich eine Sache vor, aber hin und her geworfen zwischen Sturm und Schicksal wird er in eine andere Richtung gedrängt. Seine Schiffe und seine Mannschaft sind zerschlagen, geplündert, angegriffen, doch geführt von der leisen, aber zwingenden Ahnung einer Mission stellt sich Aeneas wieder und wieder dem Unbekannten. Nur wenn er den Mut aufbringt, die Dunkelheit zu betreten, so O'Donohue, offenbart sich das Licht, das ihn dem nächsten Schritt entgegenbringt.

Oft ist es die Reise selbst und nicht das Ziel, die ausschlaggebend dafür ist, aufzubrechen. Für mich war die Reise aus der Isolation meiner frühen Lebensjahre hin zum Tor der Freiheit die Entfaltung meines Vertrauens, denn ich musste bereit sein, so wie Aeneas immer weiterzugehen, selbst wenn ich das Gefühl hatte, im Dunkeln zu tappen. Mit Vertrauen bewegen wir uns ins Unbekannte, offen begegnen wir dem, was auch immer der nächste Augenblick bringt. Vertrauen lässt uns morgens aufstehen, lässt uns ein Flugzeug besteigen, das uns in ein unbekanntes Land bringt, öffnet uns für die Möglichkeit, dass unser Leben sich verändern kann. Auch wenn wir vielleicht immer wieder stolpern, aus Angst, uns in der Dunkelheit vorwärts zu bewegen, gibt uns das Vertrauen die Kraft, dieses Risiko in Kauf zu nehmen.

Der erste Schritt auf der Reise des Vertrauens ist zu erkennen, dass alle Dinge ständig einem anderen Zustand zustreben, sowohl in unserem Inneren als auch im Äußeren. Diese Wahrheit zu erkennen ist das Fundament des Vertrauens. Leben ist Übergang, Bewegung und Wachstum. Egal, wie solide manche Dinge äußerlich wirken, alles im Leben ohne Ausnahme verändert sich. Selbst der Mount Everest – vollkommenes Sinnbild einer unbezwingbaren, unerschütterlichen, massiv soliden Realität – wächst jedes Jahr um einen halben Zentimeter, weil die Landmassen Indiens von unten Druck ausüben. Menschen kommen und gehen in unserem Leben, Besitztümer gehen kaputt oder verändern sich; Regierungen und ganze Regierungssysteme werden installiert oder zerfallen. Ungeduldige Erwartung geht einer Mahlzeit voraus, die bald wieder beendet ist. Eine Beziehung ist schwierig und enttäuschend, dann verwandelt sie sich in eine Verbindung, der wir vertrauen. Es kann geschehen, dass wir uns am Morgen fürchten, am Nachmittag beruhigt sind und uns in der Nacht unwohl fühlen. Wir wissen, dass wir am Ende unseres Lebens sterben werden. Überall ist Veränderung, Schwankung und Rhythmus.

Mit Vertrauen können wir uns der Wahrheit des gegenwärtigen Augenblicks annähern, der sich bereits im Unbekannten auflöst, während wir ihm begegnen. Wir öffnen uns für das, was gerade jetzt geschieht, in all seiner Wandelbarkeit und Flüchtigkeit. Ein Schmerz in unserem Körper, eine Migräne, eine ungerechte Behandlung mögen statisch, undurchlässig und unveränderbar erscheinen. Es mag als etwas erscheinen, was so ist, und was immer sein wird. Aber wenn wir genau hinsehen, entdecken wir anstelle von Stabilität Brüchigkeit, Fluss, Bewegung. Wir fangen an, Lücken zwischen den leidvollen Momenten zu erkennen. Wir sehen die kleinen Veränderungen in der Beschaffenheit, der Intensität, in den Konturen unseres Schmerzes, die die ganze Zeit stattfinden.

Gleich, was geschieht – wann immer wir die Unvermeidlichkeit des Wandels sehen, können die gewöhnlichen oder sogar die bedrückenden Tatsachen unseres Lebens durch eine Aussicht auf Veränderung lebendig werden. Wir erkennen, dass ein Bild, das wir von uns selbst gemacht haben, uns nicht für immer festlegen muss. Der nächste Schritt ist nicht der letzte Schritt; was das Leben war, ist nicht, was es heute ist, und sicherlich nicht, was es noch werden könnte.

Vor einigen Jahren, als ich in einem staatlichen Frauengefängnis in Kalifornien Meditation lehrte, bemerkte eine der Frauen: „Wenn man im Gefängnis ist, ist es besonders wichtig, dass man versucht, im gegenwärtigen Augenblick zu leben. Man verliert sich so leicht in der Vergangenheit, die man sowieso nicht ändern kann, oder in der Hoffnung auf die Zukunft, die noch nicht da ist. Und das ist so, als sei man nicht wirklich lebendig." Dann unterbrach sie sich und sah mich an, ihre Augen strahlten, und sie sagte: „Ich wähle das Leben."

Vertrauen dieser Art ist nicht oberflächlich oder sentimental. Es behauptet nicht, dass sich alles zum Guten wenden wird. Wie wir alle wissen und wie ich im Alter von achtzehn Jahren mit tiefer Gewissheit wusste, wenden sich die Dinge viele Male nicht „zum Guten", entsprechend unseren Wünschen, entsprechend unseren Ansprüchen oder Vorstellungen, wie es sein sollte. Es ist nicht wahrscheinlich, dass das Leben ausschließlich angenehme Ereignisse bringt. Vertrauen bringt das Verständnis dafür mit sich, dass wir nicht wissen, wie die Dinge sich entwickeln werden.

Dennoch erlaubt uns Vertrauen, die Möglichkeit in Anspruch zu nehmen, unser Leben selbst zu verändern, die helfenden Hände, die uns entgegengestreckt werden, zu erkennen und ihnen zu vertrauen. Es hilft uns, ein Leben anzustreben, das besser ist als jenes, das wir geerbt haben.

Ohne Vertrauen auf Veränderung wären wir gezwungen, die Leidensmuster zu wiederholen – so wie ein missbrauchtes Kind, das als erwachsener Mensch einen Partner findet, der ebenfalls zum Missbrauch neigt. Zumindest wären wir darin bestätigt, Kränkung und Schmerz vorhersehen zu können. Ohne einen Sinn für das Mögliche würden wir feststecken – isoliert, ohne Hoffnung und unaussprechlich traurig.

Vertrauen ist der Impuls unseres Herzens, der sagt: „Ich wähle das Leben, ich richte mich auf das Potential aus, das im Leben enthalten ist, ich überantworte mich diesem Potential." Dieser Funke von Vertrauen entzündet sich in dem Augenblick, in dem wir denken, *Ich werde es tun. Ich werde es versuchen.*

Ich fragte einmal einen befreundeten Psychiater, was er als die eine, am stärksten zwingende, heilende Kraft innerhalb der psychotherapeutischen Beziehung ansieht. „Liebe", antwortete er. Ich stimmte mit ihm über die transformierende Kraft der Liebe überein, aber ich fragte mich, ob es nicht noch etwas anderes, noch Fundamentaleres gab. „Nach allem, was uns bekannt ist", schlug ich vor, „ist das Wichtigste für eine therapeutische Heilung, dass die Leute zu ihren Terminen erscheinen." Die Liebe des Therapeuten kann die Heilung vorantreiben, aber es ist unser eigenes Vertrauen in die Möglichkeit, die uns ermutigt, zu kommen und jeden neuen Schritt in die Dunkelheit zu wagen.

Um diese Möglichkeit selbst zu ergreifen, musste ich zuerst in die Mattigkeit hinreichen, die mein Herz und mich selbst eng umschlungen hielt, und damit anfangen, mein Empfinden für mein Herz und für mich selbst umzuwandeln. Ich musste meinen Sicherheitsabstand aufgeben, meine Gewohnheit, mich zu entziehen, ändern, und lernen, teilzunehmen, mich einzulassen, mich zu verbinden. Ich musste mir eingestehen, dass mir unter meiner Fassade der Gleichgültigkeit die Dinge etwas bedeuteten, und tatsächlich bedeuteten sie mir viel. Es hatte Bedeutung, was mir geschah und was mit anderen geschah. Das Leben bedeutete mir etwas.

Ich betrat den geistigen Pfad, getrieben von einem inneren Gespür, dass ich vielleicht Seelengröße finden würde, eine tiefe Zugehörigkeit, eine geheime Quelle der Liebe und des Mitgefühls. Wie ein zielsicherer Instinkt auf der Suche nach Freiheit war mein intuitives Gespür dieser Möglichkeit der schwache, flackernde, aber unbestreitbare Ausdruck von Vertrauen.

Die Stunde meines Vertrauen brach an, als ich mich entschied, nach Indien zu reisen, ohne zu wissen, wohin ich mich dort nach meiner Ankunft wenden sollte. Einige Tage vor meiner Abreise war ein Vortrag mit Chögyam Trungpa Rinpoche, einem Lehrer des tibetischen Buddhismus, in Buffalo angekündigt. Ich beschloss hinzugehen. Trungpa Rinpoche war der erste praktizierende Buddhist, dem ich begegnete. Sein Hintergrund schien sehr exotisch zu sein. Nachdem Trungpa Rinpoche seine religiösen Studien abgeschlossen hatte – zu dieser Zeit war er Abt einer Gruppe von Klöstern in Osttibet –, führte er einen Pulk von dreihundert Flüchtlingen in einer dramatischen Flucht nach Indien, um der chinesischen Unterdrückung zu entgehen. Später verließ er Indien und ging nach Oxford, wo er ein Studium der westlichen Philosophie aufnahm. Dies war seine erste Reise in die Vereinigten Staaten. Trungpa Rinpoche trug keine geheimnisvollen Roben, sondern einen gewöhnlichen Anzug. Er war überhaupt nicht vergeistigt. Er hatte einen soliden Körper, und er zog ein Bein stark nach. Ein leicht amüsierter Zug spielte um seine Augen. Obwohl er den Zuhörern gegenüber sehr freundlich war, vermittelte er den Eindruck, dass er nur sagte, was er schlicht für wahr hielt – es hätte keinen Unterschied gemacht, ob zwei Leute zugehört hätten oder zweitausend, oder ob wir alle heimlich unsere Hausaufgaben gemacht und überhaupt nicht zugehört hätten. Ich fand Trungpa Rinpoches Gegenwart magnetisch, zugleich geradezu beängstigend; er schien ruhig zu sein, sehr ruhig unterhalb seines wortgewandten Vortrages – es war nicht die auferlegte Ruhe der Selbstbeherrschung oder der Besonnenheit, sondern es war etwas, was ich noch nie zuvor gesehen hatte. Es war eine lebendige Ruhe, so als entstiegen seine Worte einem stillen Ort tief in seinem Inneren. Falls ein ähnlicher Ort der Stille tief in mir verborgen sein sollte, so war ich mit Sicherheit niemals dort gewesen.

Nach seinem Vortrag forderte Trungpa Rinpoche die Leute dazu auf, ihm ihre schriftlichen Fragen vorzulegen. Meine Frage stand zufällig auf dem ersten Zettel, den er aus dem riesigen Stapel herauszog. Trungpa Rinpoche las die Frage laut vor: „In einigen Tagen reise ich nach Indien, um Buddhismus zu studieren. Können Sie mir empfehlen, wo ich hingehen soll?" Für eine Weile schwieg er, dann antwortete er mit seinem exakten britischen Akzent: „In diesem Fall sollten Sie am besten der Vorgabe des Zufalls folgen." Das war es – keine Namen oder Adressen, keine Karten, keine Richtungen. Was konnte er meinen mit „Vorgabe des Zufalls"? Dies war das erste Anzeichen, dass ich mich auf eine Reise begeben würde, die in nichts dem ähneln würde, was ich mir vorstellen oder was ich vorhersehen konnte.

· · ·

Nach einer Überlandreise von Europa durch Afghanistan und Pakistan kam ich am Bahnhof in Neu-Delhi an. Im selben Augenblick, in dem ich aus dem Zug stieg, stürmte die Intensität Indiens auf mich ein. Aufdringliche junge Männer umringten mich und wollten meine Taschen tragen. Verkäufer drängten sich nah heran und priesen ihre Waren an. Hagere Frauen mit Kindern auf dem Arm traten auf mich zu und bettelten um Geld, alte Männer mit gebrochenen Körpern taten es ihnen gleich. Zum ersten Mal sah ich einen *Sadhu*, einen halbnackten Bettelmönch, beschmiert mit Asche, womit er die Unausweichlichkeit des Todes kundtat. Um ihn herum spielten laut lachend Kinder Fangen. Massen von Menschen und Tieren drangen auf mich ein. Nie zuvor hatte ich das Leben sich so offen abspielen sehen, hatte es nie so heftig pulsieren fühlen, Freud und Leid, alles durcheinander geworfen. Nichts schien verborgen, und es gab keinen Ort, an dem ich mich hätte verstecken können. In der schwülen Luft mischten sich Dieselabgase, Antiseptika und Staub mit Schichten von Jasmin und Frangipani. Ich stand mitten drin, und obwohl es so neu, so intensiv war, war ich froh, dass ich gekommen war.

Einige Tage später reiste ich mit dem Zug nach Norden und nahm dann einen Jeep nach Dharamsala, dem Sitz des Dalai

Lama und dem Zuhause eines Großteils der Gemeinschaft tibetisch-buddhistischer Flüchtlinge. Dharamsala liegt auf einem Ausläufer der schneebedeckten Dhauladhar-Berge, den Gebirgen am Fuße des Himalayas, die die Stadt von drei Seiten umgeben und ihr eine atemberaubende Aussicht verleihen. Dichte Pinienwälder bedecken die Hänge, und Massen von Rhododendron wachsen entlang des Weges. Verspielte Affen flitzen über die Dächer. Die tibetische Kultur wird hier durch Handwerk, traditionelle Künste und Tänze erhalten. Außerdem gibt es ein medizinisches Institut, in dem die alte und ehrwürdige tibetische Heilkunst gelehrt wird, ein Kinderdorf für Flüchtlinge und Waisen, und die Klöster, die die tibetisch-buddhistischen Lehren und Praktiken bewahren. Ich war sofort vom tibetischen Volk eingenommen, das fast alles verloren hatte und dennoch aufgrund seines spirituellen Vertrauens im Exil überlebte.

Während der nächsten paar Monate nahm ich an verschiedenen Kursen teil, die von Tibetern abgehalten wurden, von denen ich durch andere Westler gehört hatte. Der Schwerpunkt der dort vorherrschenden Tradition, so wurde mir langsam klar, setzte das Studium der religiösen Schriften vor den Beginn der Meditationspraxis. Obwohl ich den Unterricht sehr genoss, wurde ich doch immer ungeduldiger, das Meditieren zu lernen, um zu sehen, ob es mir das geben würde, wonach ich suchte.

Zu meiner Erleichterung hörte ich schließlich von einem Lehrer, der Anweisungen zur Meditationspraxis anbot. Auf Bergpfaden lief ich am nächsten Morgen zu dem angekündigten Kurs, nur um zu erfahren, dass er ausfallen musste, weil der Lehrer krank war. Als ich das nächste Mal hinging, ging es

dem Lehrer wieder gut, aber der Übersetzer war nicht da, so
dass der Kurs ein weiteres Mal abgesagt wurde. Frustriert wartete ich eine Woche auf den nächsten Termin, stapfte den Pfad
hinauf und erfuhr, dass beide, Lehrer und Übersetzer, sich auf
eine Reise von unbekannter Dauer begeben hatten. Ich fragte
mich langsam, ob ich überhaupt jemals irgendeine Meditationsanweisung erhalten würde. Es wurde schwieriger, dem Leben
genug Vertrauen entgegenzubringen, um nach der „Vorgabe
des Zufalls" zu leben – um zu vertrauen, dass es immer eine
Möglichkeit gab.

Dann hörte ich zufällig in einem Restaurant, wie eine Ame-
rikanerin beiläufig eine internationale Yogakonferenz erwähnte, die in Neu-Delhi stattfinden sollte. Ich dachte, dass ich dort
einen Meditationslehrer finden könnte, und so verließ ich
Dharamsala und machte mich auf den Weg zurück nach Neu-
Delhi. Auf der Konferenz begegnete ich Swamis und Yogis im
Überfluss, aber niemandem, zu dem ich mich als Lehrer hin-
gezogen fühlte.

Das altbekannte Gefühl zu versinken begann zurückzukeh-
ren. Monatelang hatte ich mich damit herumgeschlagen, jemanden zu finden, der mich Meditation lehren würde, während
ich nebenbei versuchte, etwas zu finden, was ich problemlos
essen konnte und mich bemühte, daran zu denken, nach Kü-
hen Ausschau zu halten, bevor ich eine Straße überquerte, die
Affen zu vermeiden, die bissen, wenn man sie absichtlich oder
unabsichtlich provozierte, und herauszufinden, wie man mit
nur dem lebte, was man tragen konnte. Langsam wurde ich
mürbe.

Eines Tages erreichte die Konferenz ihren Tiefpunkt, als
mehrere der Vortragenden damit begannen, sich gegenseitig

herumzuschubsen, um nach dem Mikrophon zu greifen und der Erste zu sein, der sprach. Ich fühlte mich schrecklich entmutigt. Ich war den ganzen Weg nach Indien gekommen, um einen Heiligen zu finden. Jetzt fragte ich mich, ob das überhaupt möglich war.

Ich überlegte, Neu-Delhi zu verlassen, aber ich wusste nicht, wohin ich mich in diesem riesigen fremden Land wenden sollte. Ich war stark in Versuchung, mich zurückzuziehen, zu erklären, dass es dumm und vergebens war, nach einem Führer zu suchen, und dass mir sowieso alles egal war. Aber jeden Morgen sah ich mir zu, wie ich aufstand und zur Yogakonferenz zurückging, unsicher, was ich dort finden würde, aber angetrieben von einem aufflackernden Vertrauen, das mich einfach nicht aufgeben ließ.

Am letzten Tag der Konferenz hörte ich ein Referat von Daniel Goleman, einem Amerikaner, der Jahrzehnte später den Bestseller *Emotionale Intelligenz* schrieb. Zu jener Zeit war er Psychologiestudent und forschte in Indien. Am Ende seines Vortrages erwähnte er ein buddhistisches Meditationsretreat in Bodhgaya, an dem er teilnehmen würde, zusammen mit Ram Dass, einem spirituellen Lehrer, den ich einmal in Buffalo gehört hatte. Ich hatte Ram Dass' Vortrag damals inspirierend gefunden, und ich brannte darauf, ihn zu treffen. Augenblicklich beschloss ich, mich der siebenköpfigen Gruppe anzuschließen und mit nach Bodhgaya zu gehen.

Meine neue Geschichte nahm nun ihren Anfang. Sie erzählt von der Entdeckung, was geschieht, wenn wir uns im Angesicht aller erdenklichen erfreulichen oder schmerzhaften Umstände entscheiden, unser Vertrauen in Großzügigkeit, Freundlichkeit und Klarheit zu setzen. Die Geschichte erzählt, wie wir lernen können, unserer eigenen uns innewohnenden Güte und der Fähigkeit zu lieben zu vertrauen. Die Geschichte handelt davon, hinter die scheinbare Willkür „bloßer Ereignisse" zu sehen, um Schicht für Schicht die Verbindungen aufzudecken. Sie erzählt von dem Wissen, dass wir selbst inmitten des schlimmsten Leidens dem Leben zugehören können, dass wir nicht ausgeschlossen und allein sind. Diese neue Geschichte war die Geschichte des Buddha. Ich wollte daran arbeiten, sie zu meiner eigenen zu machen.

KAPITEL 2

Sich verlieben:
Strahlendes Vertrauen

Ende Dezember 1970 kam ich in Bodhgaya an und verliebte mich auf der Stelle. Ich verliebte mich in die Meditationslehrer, die ich dort traf, und in die Gemeinschaft der Schüler, die sich um sie scharten. Ich verliebte mich in die Lehren des Buddha. Ich verliebte mich in diesen besonderen Ort. Selbst Unannehmlichkeiten und Unsicherheiten konnten meine romantischen Gefühle nicht dämpfen. Um von Neu-Delhi nach Bodhgaya zu gelangen, hatte ich eine siebzehnstündige Zugfahrt in Kauf nehmen müssen. Der Zug war so überfüllt, dass die Leute aus den Fenstern hingen. Diesem Abenteuer folgte eine halsbrecherische Fahrt in einer Fahrradrikscha. Der Fahrer trat wie verrückt in die Pedale, um lauernde Banditen abzuschütteln.

Weil wir erst spät in der Nacht ankamen, war es schwierig, einen Schlafplatz zu finden. Schließlich durften wir unsere Schlafsäcke auf dem Boden des Speisesaals eines Touristenhotels ausbreiten. Beim Aufwachen hörte ich das Krähen der Hähne, Hundegebell, die Stimmen schwatzender Frauen an der Wasserpumpe und Gebete, die via Lautsprecher durch die Straßen dröhnten. Plärrende Hindifilmmusik übertönte alles andere. Es war der Anbruch eines heißen, trockenen, staubigen Tages und der Anfang meines neuen Lebens.

Ich trat hinaus in das goldene Licht Bodhgayas. Warm spielte es mit den leuchtenden Farben der Gewürzstände an den Straßenrändern, den sich kräuselnden Rauchsäulen der Holzkohlefeuer, den regenbogenfarbenen Saris der Frauen, den safran-, ocker- oder burgunderfarbenen Kutten der buddhistischen Mönche und Nonnen. In dieser Glut verschwammen die Grenzen und wurden weicher.

Die halbe Meile zu Fuß von meinem Hotel bis zum Stadtzentrum erlebte ich als Reise in einen Kosmos neuer Eindrücke. Ich kam vorbei an einer thailändischen Pagode und an einem chinesischen Tempel, Wasserbüffelgespanne durchpflügten den Teppich der Reisfelder. An der Ecke des Marktplatzes entdeckte ich ein tibetisches Restaurant, untergebracht in einem großen, schmuddeligen Zelt und umgeben von Teeständen aus Holzbrettern, die in merkwürdigen Winkeln zusammengezimmert waren. Erdnussverkäufer, die Nüsse auf heißer Asche rösteten, priesen die herausragende Qualität ihrer Produkte an, ein alter Mann bot riesige Körbe voll winziger Bananen, lavendelblauer Auberginen, leuchtend grüner Chilis, Orangen und Granatäpfel feil. Ein blinder Bettler streckte seine Hand nach Almosen aus und abgemagerte Hunde balgten sich um Essensreste. Einige Autos schoben sich durch die Szenerie, unablässig hupend, und zwei Männer trieben einen Elefanten die Straße entlang. Ich verliebte mich in dieses wimmelnde Wunder des Lebens.

Direkt hinter dem Markt befindet sich das Zentrum Bodhgayas und das Zentrum des buddhistischen Universums: der Bodhibaum, unter dem der Buddha gesessen hatte, als er Erleuchtung erlangte. Ein direkter Spross des Originalbaumes wächst nun an derselben Stelle.

Bedeckt von leuchtend dunkelgrünen, herzfömigen Blättern erhebt sich majestätisch der Bodhibaum, die Arme weit ausgebreitet, als wolle er den Himmel tragen. In der buddhistischen Legende heißt es, der Buddha habe nach seiner Erleuchtung eine ganze Woche lang voller Dankbarkeit den Baum, der ihm Schutz gewährte, betrachtet. Nun erblickte ich den Baum, sog seine Aura in mich ein und sehnte mich nach dem Schutz seiner gewaltigen Arme. Mein Herz bebte. Zum ersten Mal in meinem Leben verstand ich die Heiligkeit eines Ortes, erlebte, wie er Kräfte mobilisieren und neue Perspektiven auf das Leben eröffnen kann. Tibetische Buddhisten hatten zwischen die unteren Äste des Bodhibaumes Gebetsfahnen gespannt, sodass der Wind die Gebete zu allen Wesen um den gesamten Erdball tragen konnte. Als ich sie flattern sah, wurde mir klar, dass ich als Kind vielleicht weniger allein gewesen war, als ich geglaubt hatte.

Neben dem Bodhibaum stand der Mahabodhi-Tempel zum Gedenken an die wundersame Freiheit des Geistes, die der Buddha dort erlangt hatte. Um ihn herum hatten sich Gläubige versammelt, die in alten ritualisierten Rhythmen Glocken erklingen ließen, Pilger, die Räucherstäbchen verbrannten, und Trauben von Mönchen und Nonnen, die in einem bunten Sprachengewirr Gebete flüsterten oder laut sangen. Ein junger Mann in Safranroben wurde für das klösterliche Leben ordiniert und Dutzende tibetischer Praktizierender warfen sich in ihrer ganzen Körperlänge zu Boden, um dem Buddha ihren Respekt zu erweisen und um ihren Geist zu reinigen.

Trotz all der Mantras und Gebete, der Bewegung und Ak-

tivität, empfand ich eine tiefe Ruhe. Es schien mir fast, als
schwinge das Echo von Buddhas Erwachen nach 2500 Jahren
noch immer in der Luft. All die Jahrhunderte, in denen Menschen diesen Ort verehrt hatten mit all den menschlichen
Möglichkeiten, für die er steht, hatten seine Ruhe nur vertieft.
Ich erlebte die Stille als Kraftfeld, welches das Durcheinander
meines eigenen Geistes durchdrang, den Raum darin erweiterte und vergrößerte, bis meine Gedanken nicht mehr wie
Hämmer auf einen Amboss einschlugen, sondern eher kleinen Wellen auf einem ruhigen Meer glichen. Mein Körper und
mein Geist waren im Frieden mit der Welt.

Als ich den Bodhibaum umrundete, begegnete ich einem
sehr ärmlich aussehenden älteren Mann in den burgundfar-
benen Roben eines tibetischen Geistlichen. Seine Lippen bewegten sich still im Gebet, wobei er die Perlen seiner *Mala*, einer mit dem Rosenkranz vergleichbaren Gebetskette, zählte.
Er sah mich an, lächelte und gab mir einen Samen vom Bodhibaum. Mit einer Bewegung forderte er mich auf, ihn zu essen.
Ich steckte ihn in den Mund, ohne nur einen Augenblick daran zu denken, welche symbolische Bedeutung diese Geste
haben könnte oder welche höheren Weihen wir gerade zele-
briert haben mochten. Dann bedeutete mir der Mönch, dass
ich mich neben ihn setzen solle. Wie ich später herausfand,
war dieser einfache, freundliche und bescheidene Mann ein
angesehener Gelehrter und Praktizierender, Khunu Rinpoche,
unter dessen zahlreichen Schülern sich auch der Dalai Lama
befand.

Khunu Rinpoche diente mir als Begrüßungskomitee einer
Welt, die sich von allem unterschied, was ich bisher gekannt
hatte, einer Welt, die Erlösung von der Herrschaft des Leidens

41

bot. In meinem Buddhismuskurs am College hatte ich über die Dritte Edle Wahrheit gelesen – die Befreiung vom Leiden –, aber ich wusste damals noch nicht, inwieweit das für die Heftigkeit meines eigenen Schmerzes zutreffen konnte. Diese Möglichkeit erkannte ich hier in dem Gefühl, das in der Luft lag, in den freundlichen Augen Khunu Rinpoches, im Gemurmel der zitierten buddhistischen Texte, im Mitgefühl, das durch die Gebetsfahnen symbolisiert wurde. Sie waren das Versprechen, dass die Dritte Edle Wahrheit lebendig werden würde.

Während ich neben Khunu Rinpoche saß, spürte ich tief in mir die Möglichkeit, über die Umstände meiner Kindheit hinauszuwachsen und mich über etwas anderes zu definieren als über die schmerzhaften Kämpfe und die Verbitterung meiner Familie nach all den Niederlagen. Ich erinnerte mich an die Resignation in den Augen meines Vaters angesichts der Zwänge, die sein Leben bestimmten. Der Gipfel seiner Autonomie hatte in der Entscheidung bestanden, wo er sein Mittagessen einnehmen würde, falls ihn jemand für einen Spaziergang aus dem Krankenhaus geholt hatte. Mit einer Woge der Überzeugung dachte ich: *Aber ich bin hier und ich kann lernen, wahrhaft frei zu sein.* Ich fühlte mich, als könnte nichts und niemand mir die Freude dieser Aussicht nehmen.

Diese verliebte Freude über den Reichtum der Möglichkeiten und die gespannte Erwartung, diese Möglichkeiten umzusetzen, wird im Buddhismus „strahlendes Vertrauen" genannt. Strahlendes Vertrauen geht über die bloße Behauptung hinaus, dass es diese Möglichkeiten gibt, die man verwirklichen kann. Mit strahlendem Vertrauen fühlen wir uns erhaben, weil wir aus unserem gewöhnlichen Gefühl der Bedeutungslosigkeit herausgehoben werden, und wir sind begeistert, weil wir uns nicht länger verloren und allein fühlen. Mit strahlendem Vertrauen entstehen Begeisterung, Energie und Mut, die wir brauchen, um den gesicherten Pfad zu verlassen und aufzuhören, uns an Vertrautem und Bequemem zu orientieren. Wir können einen Schritt zurücktreten und sehen, was wir aus unserem Leben machen können. Mit strahlendem Vertrauen wirken wir auf unser Potential ein, unser Leiden zu transformieren und anders zu leben.

Manchmal sind wir so berührt von dem Mysterium oder der Heiligkeit eines Ortes, so wie ich es war vom Bodhibaum, dass wir von strahlendem Vertrauen erfüllt werden. Oder das Vertrauen erwacht, wenn wir jemandem begegnen oder zuhören, der uns tief bewegt. Meine Freundin Sunanda erinnert sich daran, wie sie ihren Lehrer Neem Karoli Baba in seinem Ashram in Indien traf. Ihr spontaner Eindruck war, dass er den Raum irgendwie mit Liebe zu erfüllen schien. Etwas in ihrem Inneren seufzte tief auf, so als sei es dieses Gefühl durchdringender Liebe, was sie ihr Leben lang vermisst hatte, und als sei sie erst jetzt vollständig geworden.

Sunanda blieb noch ein halbes Jahr in Indien. Während der ersten drei Monate war sie jedes Mal so bewegt, wenn sie Neem Karoli Baba sah, dass sie in Tränen ausbrach. Ihr starkes Gefühl der Hingabe zu ihm führte sie zu dem Entschluss, sich seine Kernbelehrung zu Herzen zu nehmen: „Liebe jeden, diene jedem, erinnere dich immer an Gott." Sie gelobte, für den Rest ihres Lebens zu versuchen, nach dieser Maxime zu leben.

Manchmal lesen wir etwas Inspirierendes und fühlen uns so erfüllt von strahlendem Vertrauen, dass wir aus unserer normalen Routine ausbrechen und zuvor gehegte Vorstellungen hinterfragen. Als meine Freundin Denise *Der Flug des Adlers* von J. Krishnamurti las, war sie erstaunt, dass sie das las,

was Teil ihres Inneren war. Denise wusste nicht, ob Krishnamurti noch am Leben war. Sie wählte die Telefonnummer, die
hinten im Buch angegeben war, und erfuhr von einer Vor-
tragsreihe, die er bald in England halten würde. Sofort rief sie
bei einem Reisebüro an und buchte. Als Denise das Zelt betrat,
in dem Krishnamurti lehrte, spürte sie eine unglaubliche, fast
greifbare Schönheit. Das Versprechen des strahlenden Vertrauens hatte sie in eine Umgebung geführt, die sie tief erfüllte;
sie blieb und arbeitete über vier Jahre an seiner Schule.

Strahlendes Vertrauen kann blindem Vertrauen ähneln: Beide
scheinen von etwas oder jemandem außerhalb unser selbst
angeregt zu sein. Wir scheinen auf eine plötzliche Reise um
die Welt geschickt zu werden, um einem Traum nachzujagen.
Aber blindes Vertrauen hat eine negative Konnotation: Es bedeutet, dass wir uns gedankenlos einem Lehrer oder einer
Lehre hingeben in dem Glauben, die Reise des Vertrauens sei
damit vollendet, anstatt sie als einen ersten Schritt zu betrachten. Strahlendes Vertrauen kann dieselben Gefahren bergen
wie blindes Vertrauen. Aber im Buddhismus wird strahlendes
Vertrauen schlicht als ein Anfang betrachtet, und zwar nicht
als ein Anfang, bei dem wir unsere kritische Intelligenz preis-
geben, sondern eher als einer, bei dem wir Zynismus und Apathie aufgeben. Seine überschäumende Energie treibt uns vorwärts ins Unbekannte.

• • •

Das Retreat, an dem ich teilnehmen wollte, fand auf dem
Grundstück des birmesischen Tempels am Rande des Ortes
statt. Von hier aus konnte ich auf den Fluss blicken, wo der Le-

gende nach Siddharta Gautama sein Fasten brach, um seinen Körper für seinen letzten Aufenthalt unter dem Bodhibaum zu stärken. Etwa hundert westliche Besucher hatten sich innerhalb des Tempelkomplexes zusammengefunden, das hohe Tor machte ihn zu einer gänzlich abgeschlossenen Enklave, einer Welt für sich.

Unser Lehrer war ein Inder namens S. N. Goenka, ein ehemaliger Geschäftsmann, der anfangs in der Meditation ein Heilmittel gegen seine heftigen Migräneanfälle gesucht hatte. Goenka hatte Buddhismus in Birma studiert. Einige Monate bevor ich in Bodhgaya ankam, hatte er damit begonnen, zehntägige Intensivkurse zu leiten, bei denen die Teilnehmer wie im Kloster lebten, nur zwei Mahlzeiten am Tag einnahmen und einem aufs Genaueste strukturierten Zeitplan für Meditationspraxis und Anweisungen folgten. Jeden Abend lernten die Schüler in Vorträgen oder in kleinen Diskussionsgruppen etwas über die Lehre des Buddha.

Nach außen hin sah Goenka wie ein gewöhnlicher indischer Geschäftsmann aus. Aber sein Inneres strahlte etwas Außergewöhnliches aus. Zentriert und ruhig, schien er sich völlig wohl in seiner Haut zu fühlen. Goenka hatte eine strenge Art, Meditation zu lehren: Er war genau in seinen Anweisungen und forderte die größte Anstrengung von seinen Schülern. Dennoch luden seine Freundlichkeit und sein Mitgefühl die Luft um ihn herum mit Wärme und Licht auf. In einem klassischen Fall von strahlendem Vertrauen brach ich in Begeisterung aus. Mehr als alles in der Welt wollte ich dieser Wärme näherkommen. Goenka schien nur dafür zu leben, seinen Schülern dabei zu helfen, glücklich zu werden. Mein Vertrauen leuchtete noch heller in seiner inspirierenden Gegenwart.

Die meisten von uns hier in Bodhgaya Versammelten waren unerfahren in der Meditation. Die Erwartung, gemeinsam ein einzigartiges Abenteuer zu beginnen, hing in der Luft. Goenka lachte viel, sprach mit uns in einfachem Englisch und war ziemlich zugänglich. Er erklärte, dass man traditionell ein Retreat damit beginnt, Zuflucht zu den drei Juwelen zu nehmen: zum Buddha, zum *Dharma* und zum *Sangha*. Wir seien dabei, sagte er, uns einem tief greifenden Prozess zu öffnen, bei dem wir alte Muster erkennen – und uns von ihnen befreien – würden und wir bräuchten ein Gefühl der Sicherheit, um dies zu verwirklichen.

Wir alle gehen in unserem Leben durch Zeiten, in denen wir uns fühlen, als hätten wir uns in einer Wildnis verirrt oder kämen nicht heraus aus einem gewaltigen Sturm. Ungeschützt und verletzlich, suchen wir nach jemandem oder etwas, der oder das uns aus dem Durcheinander heraushilft. Wir suchen nach einem Ort der Sicherheit, der nicht auseinander brechen wird, unabhängig von den Erfahrungen, die wir machen. Wie viele aus Erfahrung wissen, lässt uns die Zuflucht, die wir möglicherweise gesucht haben – in Beziehungen, Idealen, Sichtweisen –, letztendlich im Stich. Wir fangen an, uns zu fragen: *Gibt es irgendeine Zuflucht, die wirklich und dauerhaft ist?* Am ersten Abend des Retreats versicherte uns Goenka, dass die Antwort auf diese Frage Ja sein könne.

Eine spirituelle Zuflucht zu finden ist ein bedeutender Schritt auf der Reise des Vertrauens. Wenn wir eine vertrauenswürdige Zuflucht haben, können wir uns den irreführenden Versprechungen einer oberflächlich betrachteten Welt entziehen, wir können über anerzogene Einstellungen und Reaktionsweisen hinauswachsen und gleichgültigen oder unsensiblen Antworten auf unsere tiefsten Fragen aus dem Wege gehen.

Goenka schien direkt mit mir zu sprechen, seine Worte fanden ihren Weg durch den Raum zwischen uns und landeten in der Mitte meines Herzens. Ich hatte mich nach einer Zuflucht gesehnt, nach einem sicheren Zuhause. Ich konnte erkennen, dass meine flüchtigen Gedanken und Gefühle genauso wenig eine Zuflucht bieten konnten wie die sich ständig verändernden, oft schmerzhaften Erfahrungen meines Lebens. Ich brauchte eine Zuflucht, die sich vollständig von allem unterschied, was ich bereits kannte.

Goenka führte uns in die traditionelle Zufluchtsformel ein, indem er die folgenden Sätze dreimal in Pali rezitierte, dann ließ er sie uns wiederholen: *Buddhaṁ saranaṁ gacchāmi* (Ich nehme Zuflucht zum Buddha); *dhammaṁ saranaṁ gacchāmi* (Ich nehme Zuflucht zum dhamma, oder Dharma, wie allgemein aus dem Sanskrit bekannt); *sanghaṁ saranaṁ gacchāmi* (Ich nehme Zuflucht zum Sangha). Ich sprach die Worte aus vollstem Herzen. Während meiner vielen Jahre, in denen ich mit der buddhistischen Tradition in Verbindung war, hörte ich immer wieder Einwände gegen die Verwendung von Worten einer fremden Sprache für die Zufluchtsrezitation. Manche haben darum gebeten, sie überhaupt nicht, weder in Pali noch in einer Übersetzung zu sprechen, weil es ihnen Unbehagen bereitet. Das ist vollkommen verständlich. Aber ich selbst liebe es, Zuflucht zu nehmen. Ich liebe das feierliche Gefühl dabei, die bewusste Anerkennung der Weisheitsmächte in der Welt. Ich liebe es, mich einer erweiterten Sicht für das zu öffnen, was mein eigenes Leben sein könnte. Ich liebe das Ritual, nach dem Besten in mir zu suchen, und vor allem liebe ich das Feierliche, in der Gemeinschaft mit anderen den ganzen Weg zu Buddha zurückzugehen, in einem Abenteuer der Freiheit.

Die erste Zuflucht, der Buddha, bezieht sich zunächst auf die historische Person Siddhartha Gautama, den Mann, der gegenüber vom birmesischen Tempel eine Mahlzeit zu sich genommen und dann einige Straßen weiter Erleuchtung erlangt hatte. Zwar wird er verschiedentlich als Mystiker, legendäre Gestalt, historischer Lehrer und Führer dargestellt; aber meistens wird er als Mensch abgebildet, mit menschlichen Fähigkeiten. Er stellte die Sorte Fragen, die jeder von uns über das Wesen unserer Existenz stellen könnte: Was bedeutet es, in einem menschlichen Körper geboren zu sein, verletzlich und hilflos, dann zu altern, krank zu werden und zu sterben, ob wir wollen oder nicht? Was bedeutet es, einen menschlichen Geist zu besitzen, der an einem einzigen Morgen zwischen Zorn, Freude, sinnlicher Begierde und Stolz schwanken kann? Gibt es eine Form von Freiheit und Glück, die nicht verschwindet, wenn sich die Umstände unseres Lebens verändern? Worauf können wir vertrauen? Der Buddha kann eine Inspiration sein, weil er sich aufmachte, diese Fragen zu beantworten, und weil es ihm gelang. Es wird gelehrt, dass der Buddha die Antworten nicht durch die Offenbarung eines höheren Wesens entdeckte, sondern durch die Kraft der Bewusstheit, die uns allen innewohnt. Für einige ist er aufgrund dieser Inspiration eine Zuflucht. Für hingebungsvolle Buddhisten ist er eine Zuflucht, weil sie ihn als eine lebendige Energie wahrnehmen, fähig, uns liebenden Schutz zu gewähren.

Aber an diesem ersten Abend des Retreats erklärte uns Goenka sehr sorgfältig, dass, suchen wir auch Zuflucht zum

Buddha, wir uns nicht gleich Buddhisten nennen, ein Dogma übernehmen oder gar Hingabe zu einem speziellen Wesen fühlen müssten. Ob wir uns für den Buddhismus als Religion interessieren oder nicht, das Potential, die Einsicht, das Mitgefühl und den Mut des Buddha zu verwirklichen ist ein Teil unserer selbst. Das Wort „buddha" bezeichnet ein Wesen, das vollständig aus seiner Unwissenheit erwacht ist, das sein unermessliches Potential an Weisheit und Mitgefühl ausgeschöpft hat. Ein Buddha wohnt in jedem von uns als Möglichkeit eines erwachten Geistes. Wir alle besitzen die Fähigkeit, unser Leben gänzlich zu verstehen und frei zu sein.

Wir können den Buddha betrachten und uns selbst sehen, wir sehen alles, was wir sein können. Wir können uns selbst betrachten, und wir sehen nicht nur das Potential einer Person, sondern die Fähigkeit, frei zu sein, wir sehen den werdenden Buddha in jedem von uns. Zuflucht zum Buddha zu nehmen hieß für mich, einen ungewöhnlichen Spiegel vorgehalten zu bekommen und mich zu sehen, wie ich es noch nie zuvor getan hatte – reich an Potential, mich zu verwandeln und gesegnet mit einer mir innewohnenden Schönheit. Meine innere Welt schien reich an solchen Samen des Überflusses. Dies zu hören erfüllte mich mit Freude. Ich spürte, dass ich mit dieser neuen Forschungsreise auf einem guten und sicheren Weg war.

Die zweite Zuflucht ist der Dharma. Das Sanskritwort „dharma" hat mehrere aufeinander Bezug nehmende Bedeutungen. Im weitesten Sinne bedeutet Dharma Wahrheit, die Gesetze der Natur, die Dinge, wie sie sind: Laubbäume verlieren im Winter ihre Blätter; Veränderung tritt auf trotz unserer Bemühungen, sie aufzuhalten; unwillkommene Gedanken steigen ungebeten in uns hoch, unabhängig von unserem Willen; wenn ich Lügen erzähle, wird mein Geist von Angst und Unsicherheit erfüllt.

Je klarer wir den Dharma, die Dinge, wie sie sind, sehen, desto klarer erkennen wir die Unausweichlichkeit der Vergänglichkeit, den natürlichen Fluss von Freude und Leid, die Möglichkeit, unseren Geist von komplizierten Gedanken zu befreien und Glück zu finden, das nicht verschwinden wird, wenn Körper und Geist sich verändern. Als sei man dem Meer nahe genug, um den Rhythmus der Brandung im Hintergund eines gewöhnlichen Gesprächs zu vernehmen, bedeutet die Verbindung zum Dharma, dass wir den Puls der allem zugrunde liegenden Wahrheiten durch sämtliche gewöhnlichen Ereignisse unseres Leben hindurch wahrnehmen. Wie der Dichter Rainer Maria Rilke beobachtete: „Lassen Sie sich nicht beirren durch die Oberflächen; in den Tiefen wird alles Gesetz."

Dharma bedeutet auch die Lehre des Buddha, zum Beispiel die Vier Edlen Wahrheiten: Leiden, die Ursache des Leidens, das Ende des Leidens und der Weg zum Ende des Leidens, das ist der Pfad der Tugend, der Konzentration und der Einsicht. Als ich die Vier Edlen Wahrheiten auf dem College studierte, waren sie reine Theorie gewesen; hier in Bodhgaya wurden sie beschrieben als eine Lebensweise, als praktisches Handwerkszeug, mit dem wir unser Leben ändern können. Indem wir zum Dharma Zuflucht nehmen, nehmen wir Zuflucht zu einer Lebensvision, die über unser gewöhnliches, begrenztes Verständnis von unserer eigenen Person und unseren Fähigkeiten hinausreicht.

Die dritte Zuflucht ist der Sangha, die Gemeinschaft derjenigen, die in der Vergangenheit nach Freiheit vom Leiden gesucht und ein echtes und persönliches Bewusstsein für Freiheit entwickelt haben. Während ich Goenka zuhörte, konnte ich die Gegenwart der Frauen und Männer geradezu spüren, die über Jahrhunderte Vertrauen in einen geistigen Weg gesetzt hatten, um ins Unbekannte aufzubrechen, um Gewohnheiten zu hinterfragen, das Alltägliche und Vertraute loszulassen, um ein Ende des Leidens zu finden. Jeder hatte persönliche Verhältnisse zu entwirren, musste sein Leben verstehen, mit Verlust und Angst ringen und sein Herz verschenken. Wenn sie der Wahrheit des Lebens gewahr werden konnten, so erklärte uns Goenka, dann konnten wir es auch.

Die Vision des Sangha sickerte langsam in meinen Geist, und ich spürte: Indem ich die Inspiration derer verehrte, die diesen Pfad vor mir gegangen waren, entwickelte ich ein neues Bewusstsein für mein eigenes Erbe. Ich dachte an die Generationen polnisch-jüdischer Bauern, die meine Vorfahren waren, und ich konnte all die Frauen und Männer sehen, die dem Dharma auf ihre eigene Weise gefolgt waren und dieselben Wahrheiten entdeckt hatten, die zu finden ich ermuntert wurde. Nie zuvor hatte ich meine nahe Verbindung zu denen, die vor mir gelebt hatten, so tief greifend erkannt. Für einen Augenblick war die Zeit ausgehebelt und wir waren alle zusammen – meine biologischen Vorfahren, die mich bis an diesen Punkt gebracht hatten, und die geistigen Vorfahren, die mich vorwärts drängten.

Und der Sangha, so erkannte ich, existierte nicht nur irgendwo in der geschichtlichen Vergangenheit. Er war überall um mich herum. Goenka und Khunu Rinpoche schienen genauso erfüllt von Liebe und Güte wie der Buddha auf jenen Darstellungen, die ich gesehen hatte. Ich begann zu verstehen, dass die, die sich der Erkenntnis der Wahrheit verpflichtet haben, ein Potential in uns anregen können, das ansonsten vielleicht brach liegen würde. Dieses ihnen innewohnende Drängen, wahrhaftig zu sein, aufzuwachen, ihr Leben nicht zu vergeuden, kann auch in uns ein Gefühl der Dringlichkeit wecken. Das Feuer, das in ihnen brennt, entzündet auch ein Feuer in uns. Indem ich zum Sangha Zuflucht nahm, konnte ich die Kraft des Lebens selbst durch mich hindurchströmen spüren, ohne Anfang oder Ende, und ich verliebte mich in das erregende Gefühl, letztlich einem größeren Ganzen anzugehören.

Schüchtern sah ich mich im Raum um. Die Teilnehmer kamen aus den Vereinigten Staaten, Kanada, Südamerika, Europa und Australien und auch aus Indien. Ich wusste zu dieser Zeit noch nicht, dass einige von denen, die hier saßen, meine engsten Freunde werden sollten – unter ihnen Joseph Goldstein und Ram Dass. Wir alle nahmen gemeinsam Zuflucht. Diese hundert Menschen hatten genug Vertrauen gehabt, um an diesem Meditationskurs teilzunehmen. Mutig hatten sie sich dazu verpflichtet, Erkenntnis ihrer selbst zu erlangen, und irgendwie fühlte ich mich mit ihrem Vertrauen und ihrem Mut verbunden, indem ich mit ihnen Zuflucht nahm. Gemeinsam waren wir einem Ruf gefolgt.

• • •

Der Buddha erzählte einst folgende Geschichte über das Vertrauen: Eine Herde Kühe gelangt an das Ufer eines breiten Stromes. Die älteren sehen den Strom und waten einfach durch ihn hindurch. Der Buddha verglich sie mit vollkommen erleuchteten Wesen, die den Strom der Unwissenheit und des Leidens durchquert haben. Die jüngeren Kühe, weniger gereift in ihrer Weisheit, stolpern besorgt am Ufer entlang, aber schließlich gehen sie los und durchqueren den Strom. Zum Schluss kommen die Kälber, zitternd vor Angst, einige lernen gerade erst zu stehen. Aber diese verletzlichen, zarten Kälber erreichen ebenfalls die andere Seite, sagte der Buddha. Sie durchqueren den Strom einfach, indem sie dem Muhen ihrer Mütter folgen. Die Kälber vertrauen ihren Müttern und folgen in Erwartung der sicheren Wiedervereinigung ihren Stimmen und waten durch den Strom. Das, sagte der Buddha, ist die Kraft des Vertrauens, die uns ruft, damit wir vorwärts gehen.

Bei meinem ersten Meditationsretreat in Bodhgaya war ich in meinem strahlenden Vertrauen wie ein neugeborenes Kalb, und die Stimme des Buddha versprach mir voller Liebe, mich nach Hause zu führen. Die Stimme des Dharma zeigte mir, wie ich dort hinkommen würde, Schritt für Schritt. Die Stimme des Sangha erinnerte mich daran, dass ich auf meiner Reise nicht allein war.

Es waren neun Jahre vergangen, seit meine Mutter gestorben war. Als wir die drei Zufluchten gemeinsam rezitierten, konnte ich die Stimme der archetypischen Mutter rufen hören – weise, auf mich Acht gebend, mich begrüßend, umsorgend, immer gegenwärtig.

Als Antwort schenkte ich ihr mein Herz. Die Energie und die Inspiration, die ich fühlte, ließen mich erbeben, und ich spürte einen Hauch von Versprechen und Hoffnung, den ich nie zuvor wahrgenommen hatte.

Gegen Ende meines ersten vollen Übungstages fragte ich mich, ob ich wahnsinnig gewesen war, hierher zu kommen. Ich hatte rasende körperliche Schmerzen. Mein Rücken tat weh und

53

meine Knie brannten wie Feuer, weil ich versucht hatte, möglichst viele Stunden in der klassischen Meditationshaltung mit gekreuzten Beinen zu verbringen. Zu der Unannehmlichkeit einer ungewohnten Haltung kam die Spannung in meinem Körper, die langsam zum Vorschein kam – ich fühlte mich gänzlich verhärtet und verknotet. Dabei hatte ich mich so darauf gefreut, meditieren zu lernen. Sollte das wirklich alles sein?

In den ersten Tagen lenkte Goenka unsere Aufmerksamkeit auf das Ein- und Ausatmen an den Naseneingängen, später dann auf die Empfindungen, die im ganzen Körper erfahren werden. Die Technik war leicht zu verstehen, aber nicht leicht umzusetzen. Noch schwerer als den physischen Schmerz ertrug ich den lang vergrabenen Kummer und Zorn, die langsam in mir hochstiegen. Ich war verunsichert. Was hatte ich geglaubt, was Meditation sein würde? Wenn das die Befreiung vom Leiden war, dann musste etwas falsch laufen.

Außerhalb der festgelegten Meditationssitzungen saß ich im Hof im Schatten der großen Mangobäume und versuchte, auf meinen Atem zu achten. Während der Mahlzeiten, bei denen wir auf dem Boden des Speisesaals saßen und Curries von Tellern aus Bananenblättern aßen, versuchte ich, auf meinen Atem zu achten. Goenka hatte uns beigebracht: „Kontinuität in der Übung ist das Geheimnis des Erfolgs." Obwohl ich mir kaum vorstellen konnte, was dieser Erfolg sein könnte, übte ich weiter. Ich wünschte nichts sehnlicher als meinen Geist auf einen stillen Punkt auszurichten, ihn auf den Augenblick zu konzentrieren, einen Strom feinen Empfindens in meinem Körper zu spüren. Doch die meiste Zeit wanderte meine Aufmerksamkeit über den Platz. Und mein Körper war entweder taub oder barst vor Schmerzen.

Obwohl ich mich so schlecht fühlte, hörte ich jeden Abend den Ausführungen Goenkas zu und verliebte mich erneut in die Lehre des Buddha. Mein strahlendes Vertrauen trieb mich an, mich einem weiteren kläglichen Tag der Übung zu stellen. Dann, eines Tages, geschah etwas Außergewöhnliches. Ich bemerkte eine überraschende Veränderung in mir. Gelegentlich löste sich der Schmerz auf und ich fühlte eine Leichtigkeit und Klarheit, die mich an das Gefühl von Freiheit erinnerten, das ich unter dem Bodhibaum gespürt hatte. Ich begann etwas vollkommen Neues in mir selbst zu sehen.

Letzte Zweifel darüber, ob ich mich am richtigen Ort befand, wurden am letzten Tag des Retreats beseitigt. Goenka führte eine weitere traditionelle Meditationspraxis ein – *Metta*, oder Liebe und Mitgefühl. Metta, erklärte er, sei eine Praxis der Freundschaft. Er wies uns an, Körper und Geist mit der Energie von Liebe und Mitgefühl zu erfüllen, um dann, bei uns selbst beginnend, diese liebevolle Zugewandtheit einem sich immer weiter öffnenden Kreis dazubieten, bis er alle Wesen überall mit einschloss. Wellen von Wärme und Liebe durchströmten meinen Körper und Geist und mein strahlendes Vertrauen intensivierte sich zu einem leidenschaftlichen Glühen. Ich hatte mich nie zuvor so zu Hause gefühlt, ich war nie so glücklich gewesen.

• • •

Später am selben Tag ging ich durch die Tore des Tempels die Straße entlang in den Ort hinein, um mich noch einmal unter den Bodhibaum zu setzen. Ich fand ihn wie immer inmitten eines Trubels von Aktivität und zugleich in das Geheimnis erhabener Stille getaucht. Ich war so glücklich, hier zu sein, nun ein wenig enger verbunden mit dem Guten, das sich an diesem Ort vor 2500 Jahren ereignet hatte. Die Texte sagen, dass der Buddha seine letzte Nacht unter dem Baum auf seinen Atem achtend in tiefer Konzentration verbracht hatte, und die Kraft seiner Einsgerichtetheit zeriss die letzten Schleier der Unwissenheit. Während ich nun selbst dasaß und meinem Atem folgte, meinen Geist beruhigte, konnte ich die allgegenwärtigen Gebetsfahnen im Wind flattern hören, die allen Wesen grenzenloses Mitgefühl zuteil werden lassen.

Ich dachte an das Zehntagesretreat zurück und an alles, was ich gelernt hatte. Ich erinnerte mich an die flüchtigen Augenblicke der Konzentration und daran, wie friedlich sie gewesen waren. Ich erinnerte mich an die Tiefe und Schönheit der Metta-Meditation. Dies alles und die Lebendigkeit des strahlenden Vertrauens inspirierten mich dazu, der nach meinen Kräften bestmögliche Mensch zu werden.

Dort unter dem Bodhibaum fragte ich mich, was ich mir am meisten wünschte, wo diese innere Reise hinführen sollte. Die Antwort stieg aus meinem Herzen empor: „Ich praktiziere, um die Liebe eines Buddhas zu entwickeln, damit ich andere Menschen genauso lieben kann, wie es der Buddha tat." An diesem Morgen verliebte ich mich vollkommen in die Vision meines möglichen zukünftigen Lebens. Ich war entflammt von einem überwältigenden Gefühl von Möglichkeit und Bewegung.

Der Buddha sagte, er sei „zum Nutzen der Vielen, zum Wohl der Vielen, aus Mitgefühl mit der Welt" geboren worden. Er wurde also für mich geboren und für alle Wesen, um uns einen Weg in die Freiheit zu eröffnen. Ich hatte die ersten Kinderschritte auf diesem Weg getan.

Um auf meiner Reise des Vertrauens fortzuschreiten, musste ich mein Verständnis vertiefen. Ich musste lernen, das sprunghafte Feuer meines strahlenden Vertrauens in die Bahnen einer stetigen, leuchtenden Glut zu leiten. Wir müssen über den ersten Gefühlsschwang von Liebe und Ermutigung, der das strahlendes Vertrauen kennzeichnet, hinausgehen. Wir müssen bei einem inneren Vertrauen ankommen, das nicht von Äußerlichkeiten abhängt, sondern das wir in uns tragen können. Ein Vertrauen, das nicht nur aus einem bezwingenden Spiegel hervorgegangen ist, den wir einander vorgehalten haben, aus der Aura eines heiligen Ortes oder aus dem wunderbaren Gefühl des Möglichen. Wir brauchen ein Vertrauen, das auf unserer eigenen Erfahrung beruht, das wir mit weit geöffneten Augen in uns aufnehmen können. Diese Aufgabe sollte mich dazu zwingen, mein Vertrauen in Frage zu stellen, es zu verlieren und es letztendlich zu vertiefen.

KAPITEL 3

Überprüfendes Vertrauen:
Ein Recht auf Fragen

Der Beginn unserer geistigen Reise wird wunderschön, wenn wir sie mit strahlendem Vertrauen und dem ihm innewohnenden frischen Entdeckergeist antreten. Aber die Reise kann einen ernüchternden Verlauf nehmen, wenn wir uns einzig und allein auf das strahlende Vertrauen verlassen. Und sie kann zu einem schlimmen Ende führen, wenn wir uns nicht in tiefere Schichten des Vertrauens vorwagen. Strahlendes Vertrauen ist notwendig, aber es reicht nicht aus. Irgendwann muss das Feuer der prickelnden Gefühle durch ein Stück harter Arbeit geerdet und verfeinert werden.

Berauscht von der Vision des Möglichen, die sich durch das strahlende Vertrauen vor uns auftut, können wir, ohne uns je zu vertiefen, einem Traum nach dem anderen hinterherjagen und dabei vergessen, dass die Erfüllung eines jeden Traumes standhafter Anstrengung bedarf. Wir müssen unsere Inspiration umwandeln in das Bemühen, unsere Träume zu verwirklichen. Sonst bleibt unser Vertrauen unreif. Sonst lassen wir uns treiben im Genuss des strahlenden Vertrauens. Und jeder Tag kann uns mit neuen Einflüssen konfrontieren – wir würden alles glauben, was uns angeboten wird, ohne zu fragen.

Ich persönlich hatte eine starke Neigung, mein Vertrauen in Autoritäten zu setzen, in Lehrer, die ich faszinierend oder bewundernswert fand, anstatt daran zu arbeiten, durch Praxis das Vertrauen in meine eigenen Kräfte zu entwickeln. Kurz nach meinen ersten Retreats mit Goenka, der so fordernd und genau war, verliebte ich mich in zwei andere bemerkenswerte Lehrer. Munindra, ein indischer Lehrer, der viele Jahre in Birma verbracht hatte, lebte in Bodhgaya. Er hatte ein leichtes, elfenhaftes Wesen, kleidete sich ganz in Weiß und hatte starke Ähnlichkeit mit Gandhi. Sein entspannter Lehrstil lässt sich am besten mit einem seiner Lieblingssätze beschreiben: „Sei einfach und nimm die Dinge leicht." Lange Stunden strukturierter, disziplinierter Meditationspraxis zu fordern war seine Sache nicht. Stattdessen lehrte er, dass jede Handlung in unserem Leben Meditation sein kann. Eine der beliebtesten Geschichten, die unter seinen Schülern die Runde machte, erzählt, wie einmal mehrere von ihnen mit ihm über den Marktplatz von Bodhgaya schlenderten. Als sie sahen, wie Munindra zu feilschen begann, zuerst mit dem Erdnussverkäufer und dann mit dem Stoffhändler, fragte ein Schüler, ob dies einem spirituellen Lehrer angemessen sei. Munindra antwortete: „Die Dharmapraxis lehrt uns, einfach zu sein, nicht, ein Einfaltspinsel zu sein."

Munindra war so bescheiden, dass Kinder sich auf der Straße spontan um ihn scharten, besonders wenn er anhielt, um sich am Anblick eines Baumes oder einer Blume oder eines Schweines zu erfreuen. Wenn ich Munindra zusah, verschwanden alle Gedanken an Klarheit und Genauigkeit. Ich wollte so frei und leicht sein wie er, über die kleinste Blume staunen und von entzückten Kindern umringt sein.

Als ich Dipa-Ma begegnete, die eine Schülerin von Munindra war, sah ich in ihr den Inbegriff geistiger Entwicklung. Dipa-Ma war eine zierliche, in einen weißen Sari gehüllte Frau, ihre seelische Offenheit aber war riesengroß. Sie verströmte Licht und Frieden und erfüllte jeden Raum, in dem sie sich aufhielt, mit ihrer Persönlichkeit. Wenn ich sie in ihrem winzigen Appartement in Kalkutta besuchen wollte, musste ich mir auf der Gasse, unterwegs zu dem düsteren, engen Treppenhaus, meinen Weg durch Berge von Müll bahnen. Oft fand ich sie dort mit gekreuzten Beinen auf dem hölzernen Bett in der Ecke ihres Zimmers sitzen. Sie lächelte immer, wobei sie eine Ruhe ausstrahlte, die in krassem Gegensatz stand zum Kreischen der benachbarten Metallschleifereien und dem hektischen Lärm der Straßen.

Um mich zu grüßen, nahm Dipa-Ma meinen Kopf in ihre Hände, streichelte mein Haar und flüsterte: „Mögest du glücklich sein, mögest du Frieden haben." Während wir dann Tee tranken und meine Meditationspraxis besprachen, führte sie mich an meine selbst auferlegten Grenzen: „Du kannst es." „Sitz länger." „Sei fleißiger." Wenn ich zu ihren Füßen saß, in ihrer liebenden Gegenwart badend, sehnte ich mich danach, wie sie zu sein. Ich wünschte mir, so stark und zugleich voller Liebe zu sein, so fähig, mich über meine Umstände zu erheben.

Ganz gleich, welchem Lehrer ich mich in diesen Tagen näherte, ich verlor mich in Bewunderung. In einem Aufleuchten strahlenden Vertrauens glaubte ich alles, was sie sagten, ohne zu zweifeln. Aber strahlendes Vertrauen hält nicht an. So wie man sich in den Lehrer der vierten Klasse verknallt, ist strahlendes Vertrauen als Vorspiel für eine erwachsenere Art der Achtung zu verstehen, bei der die Liebe zum anderen untersucht und ins Gleichgewicht mit unserer Selbstachtung gebracht wird. Damit unser Vertrauen erwachsen wird, müssen wir das, was andere uns erzählen, gegen unsere eigene Erfahrung von der Wahrheit abwägen. Wir müssen uns selbst genügend respektieren, um uns auf unsere eigene Erfahrung mehr zu verlassen als auf die Erfahrungen anderer.

Wir dürfen unser Vertrauen nicht nur in andere setzen, sondern sollten uns daran erinnern, dass wir unserem eigenen Verstehen vertrauen müssen, sonst erleben wir die Schattenseite von Selbstaufgabe und Hingabe. Gleich welche Art von Beziehung wir eingehen, ob mit einem Freund oder Geliebten, einem Mitarbeiter, Lehrer oder einer Lehre, sie wird passiv und abhängig bleiben und uns zurücklassen mit der Angst, Fragen zu stellen, mit der Angst vor der Unfähigkeit, für uns selbst klar zu sehen, mit der Angst, übergangen zu werden, mit der Angst, zu anspruchsvoll zu sein. Wir werden möglicherweise unseren Verstand, unsere Intelligenz oder was wir sonst noch haben untergraben, um uns jemanden als Quelle unseres Vertrauens zu erhalten.

Damit unser Vertrauen ausgewogen sein kann, müssen wir uns den Empfänger unserer Herzenswärme genau anschauen, denn Teil unseres Herzens ist auch unsere Lebensenergie. Sein Herz zu verschenken ist nicht dasselbe wie einen Fingernagel oder eine Locke herzugeben, die wir ohnehin irgendwann weggeworfen hätten; es bedeutet, das Innerste, den essentiellsten Teil von uns selbst zu geben. Sein Herz mit der vollen Achtung gegenüber dieser Gabe zu überreichen bedeutet, aufmerksam und vorsichtig darauf zu sehen, wo es hingeht.

Im Buddhismus wird der Vorgang, den Lehrer oder die Lehre, die das strahlende Vertrauen in einem wachgerufen haben, kritisch zu untersuchen, das „überprüfende Vertrauen" genannt. Dies ist der entscheidende Schritt, mit Hilfe unserer eigenen Erfahrung zu überprüfen oder zu bestätigen, was wir zuvor nur von außen gehört oder gesehen haben. Der Buddha verglich diesen Untersuchungsvorgang mit der Methode, Gold zu analysieren. Das Gold wird der Hitze des Feuers ausgesetzt, dann wird es geschnitten und gerieben, um seine Reinheit zu prüfen. In gleicher Weise prüfen wir die attraktive, leuchtende Verlockung des strahlenden Vertrauens, um zu sehen, ob sich die Lehren im Leben bewähren. Auf diese Weise lernen wir, unserer eigenen Erfahrung der Wahrheit mehr zu vertrauen als einer abstrakten Tradition oder Autorität.

Allgemein nimmt man an, dass Vertrauen sich vertieft, je mehr wir gelehrt werden, was wir glauben sollen; im Buddhismus wächst im Gegenteil das Vertrauen nur, wenn wir infrage stellen, was uns gesagt wird, wenn wir die Lehren ausprobieren, indem wir sie praktisch anwenden und sehen, ob sie wirklich einen Unterschied in unserem Leben bewirken. Der Buddha selbst bestand darauf: „Glaubt nichts, bloß weil ich es gesagt habe. Glaubt nichts, bloß weil ein Älterer oder jemand, den ihr achtet, es gesagt hat. Probiert es aus. Entscheidet für euch selbst, ob es wahr ist." Ich spürte eine wachsende Begeisterung für das, was ich über die Beziehung zwischen Körper und Geist, über die Kraft der Konzentration, über die Naturgesetze und den Wandel lernte. Aber viele dieser neuen Gedanken, auch wenn sie mir wahr erschienen, waren noch nicht Teil meiner eigenen Erfahrungswelt. Ich *glaubte*, was ich hörte, aber ich hatte die Wahrheit noch nicht für mich bewiesen. Um von der schwebenden Welt des strahlenden Vertrauens auf den solideren Boden des überprüfenden Vertrauens zu ge-

langen, musste ich Fragen stellen, eine Stimme finden, die Lehre
für mich selbst erforschen. Der Buddhismus verlangte von mir
nie, ein Paket mit Gebräuchen und Glaubenssätzen zu übernehmen. Er hat mich viel eher wieder und wieder gefordert
herauszufinden, was für mich selbst wahr ist. Der Weg des Vertrauens, der mir in diesen frühen Tagen in Indien angeboten
wurde, war lebendiger, riskanter und sicherlich befreiender,
als ich es mir je vorgestellt hatte.

Dennoch, der Anspruch, „für mich selbst herauszufinden",
kollidierte geradezu mit der angepassten Haltung meiner Kindheit, die darin bestand, direkte Einmischung zu vermeiden und
auf Distanz zu bleiben. Meine Großeltern väterlicherseits, bei
denen ich nach dem Tod meiner Mutter gelebt hatte, waren
osteuropäische Einwanderer, die sich nicht leicht taten, über
traurige Themen zu sprechen. Die vorherrschende Kommuni-
kationsweise war, Unangenehmes zu meiden oder schönzu-
reden. Niemand zu Hause schien in der Lage zu sein, die Wör-
ter „sterben" oder auch nur „krank" in einem normalen Tonfall
auszusprechen. Wenn ich das Zimmer betrat und die Stimmen
zu einem Flüstern erstarben, wusste ich mit ziemlicher Sicherheit, dass es um meine verstorbene Mutter oder meinen noch
immer abwesenden Vater ging. Ich behielt die Fragen, die mich
beschäftigten, sorgfältig für mich: „Wo ist mein Vater?" „Warum
ist er nicht hier?" „Was soll ich den Leuten in der Schule sagen,
die fragen?"

Als mein Vater wieder auftauchte, war er sieben Jahre lang
aus meinem Leben verschwunden gewesen. Als er sechs Wochen später eine Überdosis Schlaftabletten nahm und in eine
Klinik eingewiesen wurde, sagte man mir, dass es nur ein Unfall war. In meiner Isolation kam ich nicht zurecht mit seiner

Depression oder mit seinem Wunsch zu sterben oder mit der schrecklichen geheimen Angst in mir, dass das alles irgendwie meine Schuld sein könnte. Bis zum College – fünf Jahre später – kam mir nie der Gedanke, wie ungewöhnlich es war, dass ein „Unfall" mit Tabletten jemanden auf ewig in eine psychiatrische Klinik befördern konnte.

Jeder, der mit einer solchen Instabilität aufgewachsen ist oder ihr ausgesetzt war, entwickelt Vermeidungsstrategien, um Ärger oder der tieferen Wahrheit einer Situation aus dem Weg zu gehen. Besser einfach ruhig sein und sich wenigstens die Illusion von Stabilität und Zugehörigkeit bewahren. Alles Bedrohliche erfüllt uns mit Angst, sodass unsere Fähigkeit, Fragen zu stellen und Antworten zu suchen im Vertrauen darauf, dass wir ein Recht dazu haben, am Ende verkümmert.

Bei diesen frühen Retreats, die von Goenka geleitet wurden, saß ich still hinten im Meditationsraum und beobachtete und hörte zu, wie andere Schüler ihm begierig ihre Fragen stellten. Jeden Abend trafen wir uns nach seinem Vortrag zu einer formlosen Fragerunde, die so lange anhielt, bis er uns endlich wegschickte, um ein wenig Schlaf zu bekommen. Von ihrem Entdeckergeist getrieben, feuerten die Schüler eine Frage nach der anderen ab: „Muss ich für diese Praxis an Wiedergeburt glauben?" – „Was hat der Buddha damit gemeint, dass Anhaftung Leiden verursacht? Anhaftung scheint mich glücklich zu machen." – „Was soll all das Gerede vom Leiden? Es ist zu deprimierend." – „Wenn ich negative Gedanken über andere Leute habe, schade ich ihnen damit?" – „Werde ich dauerhaftes Glück erlangen, wenn ich jeden Tag meditiere?"

Allein der Gedanke daran, mich zu melden, wie ich es so viele andere tun sah, ließ mich innerlich erschauern. Ich begann, meine Hand zu heben und erstarrte. Ein Gefühl der Schande stieg in mir auf, so als hätte ich weder die Fähigkeit noch das Recht, Antworten zu suchen. In meinen Augen hatte ich genausowenig ein Recht darauf, Fragen zu stellen, wie ich ein Recht darauf hatte, lebendig zu sein. Es ging noch etwas anderes vor sich. Obwohl Goenka mich ermunterte, die Lehren zu erforschen und zu untersuchen, ist mir heute klar, dass ich eigentlich wollte, dass er für mich festlegte, was gut war und was nicht, worauf ich vertrauen konnte und worauf nicht. Ich wollte im Buddhismus ein System finden, dem ich angehören konnte. Ich wollte sagen können: „Ich bin Buddhistin und deshalb muss ich die folgenden fünfzehn Dinge glauben. Das bin ich." Ich versuchte verzweifelt, all die Wahlmöglichkeiten, die mir das Leben täglich bot, zu reduzieren, indem ich *eine* alles ausrichtende Wahl traf: Ein Glaubenssystem würde vielleicht alle Unsicherheiten und Ängste fernhalten, würde Komplexität und Mehrdeutigkeiten gar nicht erst zulassen.

Ich war als Kind für einige Zeit jüdisch-orthodox erzogen worden. In dieser Tradition war es beispielsweise Brauch, während des Sabbats kein Licht anzuschalten und jede Woche zum Tempel zu gehen. Aber solche Praktiken sah ich nie als Teil eines geistigen Weges an. In meinen Augen waren sie nur eine Art Familienkonvention und schienen nichts mit meinem inneren Leben zu tun zu haben, das weiterhin stürmisch und chaotisch blieb.

Buddhismus schien einen Weg zu versprechen, der das Chaos beruhigen würde, nicht nur durch die Übungen, sondern auch, so stellte ich es mir vor, durch die komplette Übernahme seiner Lehre. Vielleicht würden diese Glaubenssätze mein erschütteres Selbstgefühl zusammenfügen. Vielleicht konnte ich, wenn mir alle Antworten gegeben würden, Zusammenhang und Sicherheit in meinem Leben finden. Freud beschrieb religiöse Glaubenssysteme als die Schaffung eines „Leidensschutz[es] durch wahnhafte Umbildung der Wirklichkeit". Ich wollte diesen Leidensschutz so dringend, dass ich mitunter gerne in Kauf genommen hätte, was auch immer an wahnhaften Ausprägungen mit ihm einhergegangen wäre. Wenn es darauf angekommen wäre, wäre ich vielleicht eher gedankenlos gefolgt, als dass ich untersucht und infrage gestellt hätte. Es wäre sicher leichter gewesen.

Ich spreche von derselben Sehnsucht, die Menschen dazu verführt, ich-zentrierten Sektenführern zu folgen, ohne zu unterscheiden. Die Vergangenheit ist voll von den Gräueln, die aus dieser Art von blindem Vertrauen erwachsen sind. Wer sich auf einem geistigen Weg befindet, kennt zweifellos viele Geschichten, in denen strahlendes Vertrauen mit blindem Vertrauen verwechselt wurde. Geblendet von einem Lehrer oder einer Lehre, finden wir uns am Ende vielleicht in die Irre geführt, missbraucht, betrogen.

Wenn wir während dieser ersten brennenden Anziehungsphase nicht hinterfragen, worin wir unser Vertrauen setzen, wird strahlendes Vertrauen zu blindem Vertrauen. Wir hören auf zu denken, wir geben uns auf ohne Urteilsvermögen, wir lassen uns bereitwillig täuschen, solange wir mit der Person oder Gruppe verbunden sein können, die unser Herz berührt und unserem Leben Berechtigung verleiht.

Ein Freund von mir geriet an einen sehr charismatischen Lehrer, der bedingungslose Treue forderte. Mein Freund erkannte bald, dass der Preis dafür, in die Nähe seiner strahlenden Gegenwart zu gelangen, blinde Unterwerfung war. Der Lehrer zog eine scharfe Trennlinie zwischen denen, die innerhalb und denen, die außerhalb der Gruppe standen. Wer außen war, galt als gefährlich. Erforderte eine bestimmte Situation Kritik oder sogar eine Auseinandersetzung, war niemand dazu bereit, das Exil zu riskieren. Waffen wurden als ein Mittel der Verteidigung in die Gemeinschaft eingeführt, aber nicht einer wagte, eine Entscheidung des Lehrers infrage zu stellen, so sehr hingen sie ab von seiner machtvollen Energie. Die Schüler waren bereit, ihr eigenes Gefühl von Integrität aufzugeben, um eine berauschende Erfahrung zu machen.

Wenn Vertrauen bedeutet, sich nach den Vorschriften eines anderen zu richten, so hat man entweder blindes Vertrauen oder, so heißt es in den Quellen, man hat überhaupt kein Vertrauen. Dies wurde mir viele Jahre nach meinem ersten Aufenthalt in Indien bestätigt, als ich einen Wochenend-Workshop über das Thema Vertrauen im Buddhismus leitete. In einem schönen Canyon außerhalb von Los Angeles hatten sich etwa fünfzig Leute auf einem Platz im Schatten eines alten Banyanbaumes versammelt. Mit seinem klaren offenen Ausblick über viele Meilen war dieser Ort recht passend für ein Gespräch über die Qualitäten des Vertrauens.

Nachdem ich mit einigen klassischen buddhistischen Definitionen von Vertrauen begonnen hatte – sich annähern, sein Herz hinlegen, aufbrechen –, fragte ich, ob jemand irgendwelche Fragen hatte. Alle saßen nur da, ohne zu antworten. Während der Morgen voranschritt, bemerkte ich ein wachsendes Unbehagen, da die Gruppe meinen Anmerkungen und Einladungen weiterhin mit einer geradezu versteinerten Stille begegnete.

Als wir nach dem Mittagessen wieder zusammenkamen, platzte ein Mann, der in der ersten Reihe saß, plötzlich los: „Ich bin zum Buddhismus gekommen, um diese Scheiße loszuwerden!" Dann fuhr er ruhiger fort: „Für einige von uns, die Vertrauen im Sinne von „einfach glauben" in unsere Köpfe gehämmert bekamen, als sie jung waren, wirft das eine Menge schlechter Gefühle auf." Damit wurde die Gruppe lebendig, und einer nach dem anderen brachte seine schmerzhaften Assoziationen mit so verstandenem „Vertrauen" zum Ausdruck.

Viele hatten das Gefühl, dass sie gezwungen wurden, etwas zu glauben, das nicht bewiesen werden konnte, und dass sie davon abgehalten wurden, Fragen zu stellen. „Die Autoritäten in meiner Religion waren sehr verärgert, wenn ich fragte ‚Woher weißt du das?'", erzählte eine Frau der Gruppe. „Sie sagten einfach: ‚Du musst nur glauben', und ich hab das nie gekonnt. Ziemlich bald hatte ich überhaupt kein Vertrauen mehr."

Viele hatten sich in ihrer Kindheit durch die Religion verletzt gefühlt, in der man ihre Zugehörigkeit am Grad ihres Vertrauens gemessen hatte; wenn sie nicht genug vertrauten, war etwas falsch mit ihnen, oder sie würden verdammt sein, vielleicht in alle Ewigkeit. Vertrauen von einer intelligenten Haltung des Nachfragens zu trennen, entwertete es zu einer Übung der Leichtgläubigen.

Für eine Reihe von Teilnehmern an dem Workshop war „ein Mangel an Vertrauen" in ihrer Kindheit gleichbedeutend damit gewesen, Fragen zu haben, unsicher zu sein oder sich sogar an einigen Aspekten ihrer religiösen Lehre zu erfreuen, aber an anderen nicht. Was ihnen im Wesentlichen bei ihrer Erfahrung mit religiösem Glauben vorenthalten worden war, war das Gefühl, ein Recht darauf zu haben, die Wahrheit für sich selbst zu entdecken. Ihnen fehlte es nicht an Vertrauen; ihnen fehlte die Möglichkeit, ihr Vertrauen durch die Untersuchung ihres Glaubens zu überprüfen.

Wenn Vertrauen davon abhängt, ob wir glauben, was uns gesagt wird, dann bricht der Boden unter uns weg, wenn dieser Glaube zerbricht. Einer Freundin von mir wurde es langsam unangenehm, dass sie gegenüber ihrer heranwachsenden Tochter den Glauben an den Weihnachtsmann noch immer aufrechterhielt, und sie entschied sich, ihr die Wahrheit zu sagen. Sie erklärte, dass die Geschenke unter dem Baum am Weihnachtsmorgen von ihren Eltern dorthin gelegt worden waren. Das Kind hörte sich das an, dann verließ es traurig das Zimmer. Nach einigen Minuten kam es zurück und fragte: „Bist du auch die Zahnfee?" Seine Mutter bejahte, und wieder ging das Kind hinaus und sah traurig aus. Bald kam es zurück mit der Frage: „Bist du auch der Osterhase?" Als seine Mutter wieder bejahte, blickte das Kind sie aufgebracht an und fragte: „Gibt es einen Gott?"

Nachforschungen über die Natur haben viele zum selben Dilemma geführt: Wie und wann erkennen wir etwas als wahr an? Welche Glaubenssätze über Leben und Tod sind in unsere Weltsicht eingewoben? Spiegeln diese Glaubenssätze die Wahrheit wider und können wir auf sie zählen? Wenn die Glaubenssätze in sich zusammenfallen, haben wir dann jede Zuflucht verloren? Macht uns die kritische Untersuchung unserer Glaubenssätze verletzlich und unsicher? Wie können wir tief empfundenes Vertrauen entwickeln, anstatt uns an eine Handvoll Glaubenssätze zu klammern?

Im Buddhismus liegt der Unterschied zwischen Vertrauen und Glauben in der Überprüfung dessen, was uns erzählt wird. „Probier es aus", sagte der Buddha, „und wenn du siehst, dass es dich zu einer Art von Weisheit führt, die so ist, als würdest du auf eine Mauer schauen, und dann bricht die Mauer auf und deine Sicht ist viel weniger begrenzt, dann kannst du der Sache vertrauen." Gleichgültig, was meine Lehrer mir erzählten, es blieb Glaube, bis ich es ausprobiert hatte.

Eine der grundlegenden Lehren in der Meditationspraxis ist, dass Konzentration auf den Atem den Geist beruhigt. Während meines ersten Retreats bezweifelte ich das, in erster Linie, weil es mir so schwer fiel, mich auf den Atem zu konzentrieren. Ich konnte Goenkas Stimme in meinem Geist sagen hören: „Wenn eure Aufmerksamkeit wandert, bringt sie wieder sanft zurück zur Atmung. Beginnt wieder von vorn." Obwohl meine Gedanken weiterhin in Aufruhr waren, versuchte ich es weiter, immer und immer wieder. Dann, eines Tages, stabilisierte sich meine Aufmerksamkeit, und mein Geist ruhte in einem Zustand außergewöhnlichen Friedens. Auch wenn sich dies im natürlichen Verlauf der Geschehnisse wieder verflüchtigte, weil sich alles verändert, so hatte ich doch das Gefühl, dass ich diesem Aspekt der Übung vertrauen konnte, weil ich ihn langsam mit meinem eigenen Leben in Übereinstimmung bringen konnte. Wenn dieser Schritt funktionierte, schloss ich, so würde ich vielleicht auch mein Vertrauen überprüfen können, dass Meditation tatsächlich zu Weisheit, zu Freiheit vom Leiden und zu umfassenderer Liebe führte.

Wenn wir unser Vertrauen vertiefen wollen, müssen wir lernen, Dinge auszuprobieren, zu fragen, zu zweifeln. In Wirklichkeit wird unser Vertrauen durch Zweifel gestärkt, wenn dieser Zweifel – ein ehrliches, kritisches Hinterfragen – verbunden ist mit einem tiefen Vertrauen auf unser eigenes Recht und unsere Fähigkeit, die Wahrheit zu erkennen. Im Buddhismus ist diese Sorte des Hinterfragens als „geschickter Zweifel" bekannt. Damit Zweifel geschickt sein kann, müssen wir einer Sache nah genug sein, damit sie uns etwas bedeutet, aber trotzdem noch offen genug, damit das Fragen lebendig wird. Anders als der geschickte Zweifel, der uns der Erkundung der Wahrheit näher bringt, zieht uns der „ungeschickte Zweifel" weiter weg. Eine Geschichte aus dem Leben des Buddha verdeutlicht die Konsequenzen des ungeschickten Zweifels. Nach seiner Erleuchtung erhob sich der Buddha von seinem Platz unter dem Bodhibaum und machte sich auf seinen Weg. Der erste Mensch, dem er begegnete, war fasziniert von der Ausstrahlung seines Gesichtes und der Kraft seiner Gegenwart. Überwältigt fragte der Mann: „Wer bist du?" Der Buddha antwortete: „Ich bin einer, der erwacht ist." Der Mann sagte nur: „Na ja, vielleicht", und ging davon. Hätte er Neugierde gezeigt und sich dann die Zeit genommen, seinem Zweifel durch Fragen nachzugehen, hätte er vielleicht etwas gefunden, das ihn tief greifend verändert hätte.

Diese Sorte von „Davon-geh"-Zweifel offenbart sich als Zynismus. Eigentlich ist Zynismus ein Selbstschutzmechanismus. Durch eine zynische Haltung können wir uns überlegen und sicher fühlen, ohne uns wirklich einlassen zu müssen. Wir können gebildet aussehen und dabei in Sicherheit bleiben, abseits und auf Distanz. Vielleicht fürchten wir uns und halten uns aus dem Leben heraus, damit wir es kommentieren können, anstatt uns mit schwierigen Fragen herumzuschlagen. Aber vielleicht lässt notorisches Misstrauen unsere Träume auch verkümmern, bis sie sich einfach auflösen und wir nicht länger daran glauben, dass eine Veränderung möglich ist. Wir fühlen uns unverletzbar und selbstbewusst, weil wir wissen, dass wir nicht leichtgläubig sind, dass man uns nicht beeinflussen kann.

Der Zyniker zweifelt aber nicht nur, sondern er weigert sich auch, das Objekt seines Zweifels zu untersuchen. Anstatt sich auf eine Person oder auf ein Problem einzulassen, sagt der Zyniker: „Was hat das alles mit mir zu tun?" Wie der Mann, der den Buddha traf und davonging, sagt der Zyniker: „Beweis es", ohne sich mit Warten aufzuhalten und nachzufragen, um wenigstens zu sehen, welcher Beweis herauskommen könnte.

Manchmal sieht ungeschickter Zweifel an der Oberfläche wie ehrliches Fragen aus, aber darunter lässt das Spiel endloser Abstraktionen den Fragenden unbeteiligt. An jenem Tag, an dem ich in Los Angeles unterrichtete, fuhren die Schüler damit fort, leidenschaftlich über die Existenz eines persönlichen theistischen Gottes zu streiten – eine theologische Diskussion, die nirgendwohin führte, weil es keine endgültige Antwort darauf gibt. Ich fragte mich während des ganzen langen, trockenen Streitgesprächs, wie sehr der persönliche Schmerz im Leben dieser Menschen wohl unterdrückt worden war. Vielleicht war das Unglück einer zerbrochenen Familie nicht aufgearbeitet oder ein starkes Bedürfnis, Vergebung zu finden, ignoriert worden.

Die Neigung, sich auf große, unbeanwortbare Fragen zu fixieren – „Gibt es einen Gott?", „Wie funktioniert Karma?", „Gab es einen Beginn des Universums?" –, wurde vom Buddha als „eine Wüste, ein Dschungel, ein Marionettenspiel, ein Sich-Winden in Spekulation" charakterisiert. Er sagte, unsere Besessenheit von solchen Fragen führe nur zu persönlichem Groll und Leid, nicht zu Weisheit und Frieden. Anstatt sich an sol-

cherlei fieberhaftem Disput selbst zu beteiligen und eine theo-
retische Antwort anzubieten, gab er jedem den dringlichen Rat,
die Antworten in sich zu suchen, um das Leiden in ihrem Leben aufzulösen. Dies ist der springende Punkt beim geschickten Zweifel: da anzukommen, wo das Leiden sich auflöst.

Eine Frau wandte sich einmal zutiefst bestürzt an meine
Freundin und Kollegin Sylvia Boorstein wegen einer angeb-
lichen Bemerkung des Buddha über Frauen. Obwohl die Frau
großes Vertrauen zu den buddhistischen Lehren über das Leben hatte, zweifelte sie nun ernsthaft am Buddha selbst. Sie
hatte gehört, dass der Buddha einer Gruppe von Frauen, die
ihn darum baten, Nonnen werden zu dürfen, diesen Wunsch
verweigerte. Den Texten zufolge antwortete er, dass die buddhistischen Lehren keinen historischen Bestand haben würden,
wenn er einen Nonnenorden gründen würde.

Sylvia machte zunächst den Vorschlag, dass die ursprüngliche Verweigerung des Buddha sich vielleicht auf die gesell-
schaftlichen Verhältnisse der Zeit bezog und darauf, wie die
Leute auf ordinierte Frauen reagieren würden und weniger als
ein Beweis für seine Voreingenommenheit gegenüber Frauen
schlechthin zu bewerten sei. Die Frau war immer noch aufgebracht. Dann bemerkte Sylvia, dass die Texte, die dem Buddha
zugeschrieben werden, erst dreihundert Jahre nach seinem
Tod niedergeschrieben wurden, so dass diese Passage möglicherweise nicht so sehr die Ansicht des Buddha reflektierte als
vielmehr den Kommentar von Mönchen Jahrhunderte später,
die in Bezug auf dieses Thema ihr eigenes Süppchen kochten.
Die Schülerin war immer noch aufgebracht. Schließlich sagte
Sylvia zu ihr: „Also, vielleicht hat sich der Buddha in Bezug auf
die Frauen getäuscht und hatte Recht mit dem Leiden."

Beide Aspekte von Sylvias Antwort geben das Herz des Buddhismus wieder: Ein Aspekt weist uns zurück auf das Wesentliche des spirituellen Lebens, also auf unsere eigene Erforschung der Lehren, die uns möglicherweise dabei helfen kann, das Leiden aufzulösen. Der andere, im Sinne von „Glaubt mir nichts, bloß weil ich es gesagt habe", gibt zu: „Vielleicht hat er sich in irgendeinem Punkt getäuscht."

Tatsächlich nahm sich selbst Ananda, der persönliche Diener des Buddha, diese Unterstellung heraus. Da ihm der Widerwille des Buddha, Frauen in die Klosterorden zuzulassen, nicht behagte, fragte Ananda, ob es irgendeinen Grund gebe, weshalb Frauen nicht genauso schnell und leicht erleuchtet werden könnten wie Männer. Als der Buddha „Nein" sagte, gab Ananda zurück: „Also dann, warum können sie nicht in den Orden eintreten?" Dies gab den Ausschlag, dass der Buddha zustimmte, sie aufzunehmen.

Der Buddha ermutigte seine Schüler, sich nicht einfach seiner Autorität zu beugen. Sariputra, einer der Hauptschüler des Buddha, wurde zu einem Grundsatz aus der Lehre des Buddha befragt. Sariputra gab als Antwort: „In dieser Sache verlasse ich mich nicht auf mein Vertrauen zum Buddha." Die Leute, die diese Antwort mitbekommen hatten, betrachteten sie als respektlos und waren sehr aufgebracht – nur der Buddha selbst sagte: „Es ist gut, dass er sich auf sein eigenes Verständnis verlässt."

Wenn wir das Gefühl haben, dass der Buddha oder irgendein anderer geistiger Führer in irgendeinem Punkte falsch liegt, dann ist die geschickteste Weise, darauf zu reagieren, uns zu fragen: „Inwiefern falsch?" Billigt der Lehrer Gewalt gegen Frauen oder die Ausbeutung aller? Sind seine Schüler eingehüllt worden in einen Schleier der Engstirnigkeit, sodass sie die Voreingenommenheit des Lehrers nie hinterfragen? Gibt es irgendetwas im System des Lehrers, das es wert ist zu lernen, selbst wenn wir den Rest verwerfen? Was wäre, wenn wir die sozialen Grundsätze aus den Tagen des Buddha außen vor ließen und all die Interpretationen der letzten 2500 Jahre, die Glaubenssysteme, die sich entwickelt haben und die oft in ihrer Geschichte und Kultur verwurzelt sind? Bleibt irgendetwas von Wert für uns übrig?

Eigentlich können wir nicht wissen, was der Buddha wirklich über die Zulassung der Frauen zum Klosterleben gesagt hat. Nimmt man andere Kommentare, die ihm zugeschrieben werden, und betrachtet man seine Bereitschaft, die Lehre offen zu teilen, ohne Ansehen des Geschlechts oder der Kastenzugehörigkeit, so scheint er für das Indien seiner Zeit revolutionär in seiner Achtung gegenüber Frauen und anderen gesellschaftlich Machtlosen gewesen zu sein. Sollte er tatsächlich diese Bemerkung über den Nonnenorden geäußert haben, so können wir nicht wissen, warum. Was wir wissen können ist, ob der Pfad der Praxis, den er anbietet, zum Ende des Leidens führt oder ob er von Wert für uns ist.

Meine Lehrerin Dipa-Ma ist ein Beispiel für eine Frau, die ihren Geist durch buddhistische Meditation vom Leiden befreite und gleichzeitig frei genug war, Elemente der buddhistischen Tradition, mit denen sie nicht einverstanden war, infrage zu stellen. Dr. Jack Engler, ein Psychologe und buddhistischer Lehrer, erzählt folgende Geschichte: Er war zu Forschungszwecken in Indien und besuchte Dipa-Ma. Eines Tages war er gemeinsam mit Munindra in ihrem Zimmer. Dipa-Ma fühlte sich nicht wohl und saß auf ihrem hölzernen Bett an die Wand gelehnt, ihre Augen halb geschlossen. Munindra sprach über einen Punkt in den buddhistischen Kommentaren (Schriften, die nicht dem Buddha selbst zugeschrieben werden, sondern späteren Anhängern), der beinhaltete, dass nur Männer Buddhas werden könnten – um ein Buddha zu werden, müsse man eine Wiedergeburt als Mann annehmen. Als Antwort darauf richtete sie sich kerzengrade auf, öffnete ihre Augen und verkündete ohne zu zögern: „Ich kann alles tun, was ein Mann tun kann."

Ich weiß mit Sicherheit, dass Dipa-Ma dem Buddha jeden Tag ihres Lebens dankte für die Techniken, die er ihr an die Hand gegeben hatte und die ihr so geholfen hatten. Sie nahm sich die Übungen zu Herzen, aber sie war dennoch bereit, Elemente der historisch gewachsenen Glaubenssätze zu hinterfragen. Sie erkannte, dass die Glaubenssätze belanglos waren für das, worauf sie vertrauen konnte – auf ihre Fähigkeit, die Befreiung zu erlangen, von der der Buddha sprach. Ihre Erfahrung der Transformation war das stille Zentrum ihres Vertrauens.

Das ist die wesentliche Frage, die wir an jedes Glaubenssystem richten müssen: Kann es unseren Geist transformieren? Kann es dabei helfen, unseren Schmerz in Weisheit und Liebe umzuwandeln? Wenn wir die Wahrheit unserer Erfahrung unseren Glaubenssätzen gegenüberstellen, haben wir die Chance, unser Vertrauen zu vertiefen. Stimmt unsere Erfahrung mit dem Glaubenssystem überein oder nicht? Wenn nicht, können wir den Glauben loslassen. Wenn ja, können wir ihm als unserem eigenen vertrauen.

· · ·

76

Nicht, dass Glaubenssätze notwendigerweise falsch oder irrelevant sind. Jede Religion, der Buddhismus eingeschlossen, hat eine Reihe von Glaubenssätzen. Wenn sie geschickt sind, können Glaubenssätze uns an das erinnern, was wir wertschätzen. Wenn wir zum Beispiel an zukünftige Leben glauben, könnte uns das dazu inspirieren, unser jetziges Leben nicht zu verpfuschen, weil sich Verhalten wie Zwietracht, Streit und Isolation in das nächste Leben fortsetzen könnten. Glaubenssätze können uns ein stabiles Band der Kontinuität und Perspektive sein, während wir doch täglich heftige Stürme und Veränderungen durchleben.

Nicht die Existenz von Glaubenssätzen ist das Problem, sondern was mit uns geschieht, wenn wir zu starr an ihnen festhalten, ohne sie zu untersuchen, wenn wir unsere Sichtweise zum absoluten Mittelpunkt machen und anderen gegenüber verächtlich werden. Wir erheben uns in eine privilegierte Position – die Glaubenssätze sind ein in Ehren gehaltenes Gut, und wir sind die stolzen Besitzer – und implizieren damit, dass wir die Welt allein besitzen, dass wir die Wahrheit besitzen. In einer Anwandlung von Großmut sehen wir freundlich auf die herab, die unsere Ansichten nicht teilen, aber sie bleiben die „Anderen", und wir brauchen ihnen nicht wirklich zuzuhören. *Unsere* Geschichte wird *die* Geschichte. Die Selbstgefälligkeit, die sich daraus ergibt, wird stillschweigend vorausgesetzt, sie ist nicht länger wie ein Kleidungsstück, das wir anlegen: Sie wird zu unserem knöchernen Gerüst. Diese Art von Sicherheit kann es nicht hinnehmen, hinterfragt zu werden und muss jede Form von Konfrontation meiden. Sinnvolle und ehrliche Diskussionen zu einem Thema werden übergangen: „Wir brauchen darüber nicht zu sprechen. Vertraust du mir nicht? Vertraust du uns nicht?"

Wird diese selbstbezogene Tendenz ins Extrem geführt, entwickelt sie sich zu Fanatismus. Einmal ging ich zu einem Vortrag des Dalai Lama. Draußen hielten Leute Plakate hoch, die verkündeten: „Akzeptiert Jesus oder ihr werdet zur Hölle fahren!" Sie patrouillierten vor dem Eingangsbereich, als patrouillierten sie vor den Grenzen der Realität, und schrien jedem von uns, der an ihnen vorbeiging, ihre Botschaft entgegen. Doch auch Buddhisten sind nicht dagegen immun, sich starr an Glaubenssätze zu klammern und sie als Mittel zu benutzen, um ihre Überlegenheit zu demonstrieren. Die Ironie dabei ist, dass diese Art der Anhaftung und Überheblichkeit den Grundsätzen des Buddhismus völlig widerspricht.

Der Buddhismus bedient sich einer Analogie, wenn er beschreiben will, was geschieht, wenn wir starren Glaubenssätzen erlauben, unsere Wirklichkeit zu definieren. An solchen Ansichten festzuhalten ist, so heißt es, als würde man den Himmel durch einen Strohhalm betrachten. Der Himmel ist die ungehinderte Wahrheit dessen, wer wir sind und worum es in unserem Leben geht. Wenn ein überkommenes Glaubenssystem dies für uns umschreibt, ist es, als würden wir durch eine enge Röhre auf die Wahrheit schauen und nur einen sehr kleinen Ausschnitt davon sehen, während wir davon überzeugt sind, das Ganze zu erblicken. Wenn wir an unseren Glaubenssätzen festhalten, können wir eine Menge Zeit damit verbringen, Strohhalme miteinander zu vergleichen: „Ich habe einen besseren Strohhalm als du. Er ist ein bisschen breiter und er hat ein Muster." Besonders im Angesicht der Angst neigen wir dazu, uns panisch an unseren Strohhalmen festzuklammern.

Als ich zum ersten Mal mit Joseph Goldstein an der Naropa-Universität in Boulder, Colorado, Meditation unterrichtete,

hatte ich ein sehr geringes Selbstbewusstsein. Ich war einund-
zwanzig Jahre alt und viel jünger als die meisten Leute, die ich
unterrichtete. Um meine Angst zu verbergen, beantwortete ich
Fragen mit großer Überzeugung, dabei zitierte ich aus Texten
und aus der Tradition, kannte die Antworten aber nicht wirklich aus meiner Erfahrung. Wenn die Traditionen gegeneinander prallten, kam ich in Schwierigkeiten.

Ich hatte weitgehend im Kontext des Theravada-Buddhis-
mus praktiziert, der in Birma, Thailand und anderen Ländern
Südostasiens überliefert ist. Die Naropa-Universität war von
Trungpa Rinpoche, einem Tibeter, gegründet worden. Der Unterricht in den meisten Kursen war innerhalb der tibetischen
Tradition angesiedelt, die sich am Mahayana-Buddhismus
orientiert. Die Sicht der Theravadins darüber, was nach dem
Tod geschieht, unterscheidet sich ziemlich stark von der tibetischen Sichtweise. Während die Theravadins sagen, dass man
stirbt und im nächsten Augenblick wiedergeboren wird, gehen die Tibeter davon aus, dass man vor der Wiedergeburt
durch die Phasen eines *Bardo*, eines Zwischenzustands, geht.

Vier Jahre lang war ich von der Theravada-Tradition durch-
drungen gewesen, ich verwendete ihre Sprache und ihre Ausdrucksweise und hörte ihre Geschichten und Mythen immer
und immer wieder. Ich war in diese Sichtweise hineingewach-
sen. Als also eines Tages ein Schüler der tibetischen Tradition
mich mit der Frage konfrontierte, was wirklich nach dem Tod
geschehe, klammerte ich mich an meinen Theravada-Stroh-
halm und entgegnete ihm in schrillem Tonfall. Wir beide waren ganz allein in einem sparsam eingerichteten Raum. Während wir lautstark argumentierten, jeder auf der Richtigkeit
seiner eigenen Sichtweise über den Nachtodzustand behar-

rend, füllte sich der Raum mit unseren Meinungen und der wachsenden Abneigung gegeneinander. Der Mann wurde immer zorniger und ich beharrte auf meiner Vorstellung, die sich deutlich von der seinen unterschied. Schließlich verlor er die Geduld und schrie mich an, ich sei eine Lügnerin. Auf eine Weise hatte er Recht. Ich hatte kein echtes Wissen darüber, was nach dem Tod geschieht, ganz gleich, was irgendeine Tradition darüber sagt, und meine Angst war zu groß, um einfach zu sagen: „Ich weiß es nicht."

Wenn wir an einem Glauben zu stark festhalten, dann liegt das oft daran, dass wir Angst haben. Wir werden starr und werfen anderen vor, das Falsche zu glauben, ohne wirklich zuzuhören, was sie eigentlich sagen. Wir werden defensiv und verweigern uns neuen Ideen und Perspektiven. Das soll nicht heißen, dass jeder Glaube eine korrekte Widerspiegelung der Wahrheit ist, sondern es soll heißen, dass wir nach der Motivation unserer Verteidigungshaltung schauen müssen. Mit der Weite des Himmels konfrontiert, suchen wir oft einen sicheren Ort und finden Zuflucht bei unserem eigenen, sehr speziellen Strohhalm. Hat sich unser Geist einmal festgelegt, die Dinge auf eine bestimmte Art zu sehen, wandelt sich Angst in Feindseligkeit. Es kann gut sein, dass der Mann an der Naropa-Universität und ich im Grunde nur zwei Menschen waren, die Angst vorm Sterben hatten.

Die Frage, ob es ein Bardo oder eine unmittelbare Wiedergeburt gibt, war nicht so zentral für unser Leben wie die Tatsache, dass für beide von uns ein Augenblick kommen würde, in dem wir absolut alles würden loslassen müssen – den Körper, den Geist, Freunde, Feinde, alles, was wir lieben, alles, was wir kennen. Es ist viel leichter, sich von einem sektiererischen

Standpunkt aus über bestimmte Glaubenssätze zu streiten, als unserer Angst in ihrer Ursprünglichkeit zu begegnen. Jener Mann und ich waren in dem, was wir zu wissen glaubten, gefangen, und wir waren nicht in der Lage, uns voller Vertrauen für etwas zu öffnen, was über unsere vorgefassten Sichtweisen hinausging. Hätten wir beide eine Fragehaltung oder Neugierde entwickeln können, wären wir vielleicht zu der Einsicht gelangt, wie wesentlich das Vertrauen in unsere jeweilige Sicht war, um dem katastrophalen Loslassen des Todes zu begegnen. Hätten wir geschickter mit unseren Glaubenssätzen umgehen können, hätten wir vielleicht erkannt, dass wir unseren Glauben bedenkenlos hinterfragen können, ohne Angst haben zu müssen, unser Vertrauen zu verlieren.

Mit ihrem Anspruch auf Richtigkeit versuchen Glaubenssätze, aus dem Unbekannten Bekanntes zu machen. Sie äußern Mutmaßungen darüber, was sich ereignen wird, wie es sein wird, was es bedeuten wird und welchen Einfluss das auf uns haben wird. Vertrauen dagegen schafft keine Wirklichkeit entsprechend unseren Vorstellungen und Wünschen. Es entscheidet nicht, wie wir etwas wahrnehmen werden, sondern es befähigt uns voranzuschreiten, ohne dass wir uns dessen bewusst sind. Unter Vertrauen dürfen wir, im Gegensatz zu Glauben, keine Definition der Wirklichkeit, keine gegebene Antwort verstehen. Vertrauen benennt einen aktiven, offenen Zustand, der uns die Bereitschaft verleiht, die Dinge zu erkunden. Während ein Glaube von außen auf uns zukommt – von einer anderen Person oder Tradition oder einem Erbe –, entsteht Vertrauen von innen heraus, durch unsere lebendige Teilnahme am Prozess des Entdeckens.

Der Schriftsteller Alan Watts hat diesen Unterschied einfach und pointiert zusammengefasst: „Glaube klammert, Vertrauen lässt los." „Als ich in Praxis und Lehre heranreifte, fand ich die Sicherheit, häufiger mit einem besseren Gefühl zu sagen: „Die Tradition beschreibt es so und so, aber ich selbst weiß es nicht." Anstatt mich hinter einem Glaubenssystem zu verstecken, zeigte ich eine größere Bereitschaft, Unbekanntes zu betreten, im Unbekannten zu verweilen, das Unbekannte auszuhalten. Ich hing mehr von meinem Vertrauen ab als von meinen Glaubenssätzen. Ich lernte, meinen starren Griff um den Strohhalm zu lockern.

Einmal ging ich zu einer Interfaith-Konferenz, bei der hoch angesehene Repräsentanten aus verschiedenen Traditionen ihre Sichtweisen zu Themen wie Leiden, Anstrengung und Vertrauen darlegten. Einer der anregendsten Augenblicke dieser Veranstaltung ereignete sich am Ende, als eine der Vortragenden hervorhob, dass der Dalai Lama, wann immer er sprach, seine Bemerkungen einschränkte, indem er sagte: „Aus buddhistischer Sicht ist ..." oder gelegentlich, indem er sich auf eine bestimmte buddhistische Ansicht bezog: „Aus Sicht der Madhyamika ist ..." Im Gegensatz dazu, bemerkte sie, hatten viele im Brustton der Überzeugung erklärt: „Es ist ..." Auf dieser Konferenz wurden viele Strohhalme präsentiert, aber der Dalai Lama behielt die Wesentlichkeit des Himmels im Blick.

Wenn wir den Mut haben, den Strohhalm beiseite zu legen und den Himmel als das zu sehen, was er ist, als weit und grenzenlos, dann können wir auch die verschiedenen Perspektiven erkennen, die uns jeder Strohhalm bietet. Wir können den Unterschied zwischen unserem Lieblingsstrohhalm, unserem bestvertrauen Strohhalm, unserem meistgehegten Strohhalm und dem Himmel selbst erkennen. Wenn wir den Strohhalm auf geschickte Weise halten, dann sind wir in der Lage, ihn manchmal herunterzunehmen und den Himmel ohne Hilfsmittel anzusehen. Wenn wir Glaubenssätze auf geschickte Weise halten, verstricken wir uns nicht in ihnen, sondern wir erkennen sie als die geistigen Konstrukte, die sie sind. Wenn wir unser Recht in Anspruch nehmen, alles zu hinterfragen, unsere Glaubenssätze eingeschlossen, können wir uns von unserer Abhängigkeit von Vertrautem befreien und die tief empfundene, offene, frische Qualität des Vertrauens in uns aufnehmen.

Mit fortgeschrittener Meditationspraxis begann ich zu erkennen, dass mein Verlangen, jede Lehre anzunehmen, die mir hingehalten wurde, den Zweifeln an mir selbst und an meinen Fähigkeiten entsprang. Ungeachtet des Glaubens, dem ich mich anschloss, war das das Feld, auf dem ich gesunden musste. Ich musste mich würdig genug erachten, mein mir zustehendes Recht in Anspruch zu nehmen, zu überprüfen, was mir erzählt wurde, und meiner eigenen Erfahrung zu trauen. Dies bedeutete, dass ich meine über Jahre gehegte Gewohnheit, mich zu verschließen, wenn ich mich unsicher fühlte, infrage stellen musste. Der feine Riss in meinem Panzer war unangenehm und verunsichernd, aber es war ein bedeutender Schritt, der mein Verstehen vertiefte. Nur so konnte das, worin ich mein Vertrauen setzte, mehr werden als nur etwas, das ich blind annahm oder mit dem ich mich arrangierte.

Nachdem ich in Indien monatelang meditiert hatte, gelangte ich eines Abends in einem weiteren zehntägigen Kurs mit Goenka an meine Grenzen. Ich war bei jedem abendlichen Vortrag begeistert und glücklich, in Goenkas Nähe zu sein, aber von dem inneren Potential, von dem der Buddha behauptete, es sei allen gemein, schien ich sehr weit entfernt zu sein. Mein Rücken schmerzte wieder. Anstatt geistigen Frieden zu erfahren, wurde ich von ständig wiederkehrenden und trivialen Gedanken belästigt. Anstatt meine Übung zu machen – die darin bestand, im Augenblick zu ruhen, um mich von den unbewussten Mustern meiner Vergangenheit zu befreien –, verlor ich mich die meiste Zeit des Tages in der Zukunft. Ich plante zig Jahre im Voraus. In meinen Gedanken schrieb ich Briefe nach Hause. Dabei wählte ich mit Bedacht meine Worte über die Meditationspraxis, damit ich sie auf dem begrenzten Platz eines imaginären Aerogramms unterbringen konnte, um dann wieder von vorne zu beginnen. Rastlos und aufgedreht erwog ich im Detail die Vor- und Nachteile einer Reise nach Thailand oder vielleicht nach Birma, deren heiße Jahreszeiten, Regenzeiten und die Schwierigkeiten, die erforderlichen Impfungen zu erhalten. Von Zeit zu Zeit wachte ich auf, realisierte, dass ich mich verloren hatte, und gab die Hoffnung auf, jemals irgendeinen inneren Frieden zu finden. Als ich bemerkte, wie ich zum hundertsten Mal einen Ausflug in die Stadt plante, um ein paar Kleider zu kaufen, fühlte ich mich von der Banalität meines eigenen Geistes erschlagen.

Die Flitterwochen waren vorbei. Ein Ende der Schwierigkeiten war nicht abzusehen und tatsächlich war mir der Sinn, warum ich überhaupt praktizierte, aus dem Blickfeld geraten. In die Ecke gedrängt, erhob ich mich in dieser Nacht von meinem Platz hinten im Saal und ging nach vorne. Ich setzte mich Goenka gegenüber, in die erste Reihe der Schüler. Um seinen aufdringlichsten Schüler, der die Szenerie jeden Abend beherrschte, auszublenden, quetschte ich mich sogar noch näher an Goenka heran. Den hochgestreckten Arm des Schülers ignorierend, der darum wetteiferte, noch eine weitere Frage loszuwerden, holte ich tief Luft, schaute Goenka in die Augen und platzte in Gegenwart Dutzender Leute heraus: „Gibt es keinen leichteren Weg?" Es war, als würde ich vermuten, dass er durch diesen Überraschungsangriff zugeben werde, dass er einen viel leichteren Weg in die Freiheit kannte, es aber vorzog, seine Schüler zu quälen, indem er ihnen diesen Weg vorenthielt.

Auf einer Ebene wusste ich, dass es eine absurde Frage war: Goenka war viel zu liebenswürdig, um mit uns zu spielen. Aber es war sehr wichtig für mich, trotzdem zu fragen. Meine noch in den Kinderschuhen befindliche Fähigkeit zu hinterfragen hatte es mir schließlich erlaubt, Zweifel zu äußern – an ihm, an der Praxis, am Weg. Ich hatte begonnen, mein Vertrauen zu vertiefen, indem ich das Risiko einging, mich anzunähern, ein Schritt, der den Kern geschickten Fragens berührt. Goenka, der erfreut aussah, lachte einfach und sagte: „Wenn ich einen wüsste, würde ich ihn dir sagen." Er versuchte nicht, seinen Lehrstil zu verteidigen, und das brauchte er ja auch nicht. Er wusste, dass es für mich ein wichtiger Schritt war, Schmerz und Aufruhr zu erkennen, damit ich mich von ihnen befreien konnte. Mit Sicherheit wusste er auch, wie wichtig mein Entschluss war, die Wahrheit direkt zu erfahren, anstatt sie eine intellektuelle Übung oder ein abstraktes Vergnügen sein zu lassen.

Es war der Beginn einer neuen Geisteshaltung. Ich fühlte mich nun eher dazu in der Lage, die Wahrheit für mich selbst herauszufinden. Ich stellte infrage, was mir über die Lehre und über die Meditation erzählt wurde, und dies führte mich zur richtigen Einstellung gegenüber der Meditationspraxis. Ich lernte, alle Erfahrungen ohne vorgefasste Annahmen zu betrachten, mit genügend Mut, alles zu untersuchen, um eine persönliche, direkte Erkenntnis von der Wahrheit zu erlangen. Wenn wir Vorstellungen einfach übernehmen, verliert unser Verhältnis zu ihnen an Schwung; wenn wir sie hinterfragen, beginnen sie zu vibrieren und werden lebendig. Ich wusste nun, ich würde weiter forschen, innerlich und äußerlich, bis sich viele meiner Vorstellungen durch meine Beteiligung und mein Vertrauen mit Leben füllten.

Fragen zu stellen, um die Wahrheit zu finden, geht über ein bloß freieres Hinterfragen bei weitem hinaus. Es bedeutet, eine staunende Haltung einzunehmen, uns in alles hineinzuvertiefen, was uns begegnet, um es aufs Genaueste für uns selbst zu erschmecken, zu ertasten, zu erspüren und daraus zu lernen. Es bedeutet zu untersuchen und zu erkunden, zu wissen, dass wir die Fähigkeit haben, für uns selbst herauszufinden, was unseren Geist befreien kann und was uns glücklich machen kann. Mit einer Kraft, die einzig und allein aus unserer Erfahrung erwächst, entdecken wir, worauf wir ganzen Herzens unser Vertrauen setzen können, anstatt lediglich einen fadenscheinigen Glauben zu praktizieren.

Zu hinterfragen bedeutet, die Wahrheit wirklich wissen zu wollen und darauf zu bestehen, dass wir es können. Es bedeutet, eine abwegige Haltung, die wir eingenommen haben mögen, zu verlassen, um uns der Wahrheit anzunähern, ihr direkter zu begegnen. Und es bedeutet, bereit zu sein, gegenüber unserer eigenen Sicht auf die Dinge ehrlich zu sein, selbst wenn das, was wir sehen, von der Norm abweicht. Hinterfragen lernen bedeutet spüren, dass wir ein natürliches Recht auf all dies haben.

Damit Vertrauen lebendig wird und sich vertieft, müssen wir unsere Kraft einsetzen und untersuchen, staunen, unsere Erfahrung erforschen, um zu erkennen, was für uns wahr ist. Dies verlangt von uns, dass wir mit einer neugierigen, lebhaften, selbstbewussten Untersuchungs- und Fragehaltung an das Leben herangehen. Es verlangt von uns, dass wir überprüfen, worauf wir unser Vertrauen setzen und warum, dass wir beobachten, ob wir dabei zu bewussteren und liebevolleren Menschen werden. Um überprüftes Vertrauen zu entwickeln, müssen wir uns der Unordnung, dem Missklang, der Mehrdeutigkeit und vor allem der lebendigen Dynamik des Hinterfragens öffnen. Wenn wir das nicht tun, kann unser Vertrauen verdorren. Wenn wir das nicht tun, wird unser Vertrauen immer in den Händen von jemand anderem bleiben, als etwas, das wir uns leihen oder dem wir abschwören, aber nicht als etwas, das wir völlig als unser eigenes beanspruchen können.

KAPITEL 4

Vertrauen und Angst

Vor einigen Jahren fand eine große Ausstellung von Vincent van Goghs Werken im Kunstmuseum von Los Angeles statt. Unter den Bildern befanden sich sowohl Gemälde voll überschäumender Energie als auch solche mit einem Hauch von dunkler Vorahnung. Während ich durch das Museum ging, war ich ständigen Gefühlsschwankungen ausgesetzt. Was mich an van Goghs Werk am meisten berührte, waren die Kontraste, die Intensität der Stimmungsschwankungen. Die Gemälde des „Lichts" – sonnenüberflutete Landschaften, Stillleben und blühende Äste, das Schlafzimmer bei Arles – waren zart, frisch, einladend. Andere, dunklere Gemälde – in der Dämmerung und mit bedrohlichem Himmel – zogen mich in einen Strudel des Leidens.

Ich stellte mir vor, wie van Gogh voller Wehmut einer positiven Stimmung hinterhergetrauert haben musste, als das Licht schwand und die Dunkelheit sich ein weiteres Mal herabsenkte. Ich sah ihn vor mir, gefangen in seinen wechselnden Stimmungen, ohne Zuflucht, ohne einen Ort, an den er gehen konnte, um wieder Hoffnung zu schöpfen oder sich sicher zu fühlen. Ein guter Freund von mir steckte gerade mitten in einer schweren Depression. Ein anderer lag seit mehreren Monaten mit einer chronischen Lungenentzündung und einer rätselhaften Krankheit, die kein Arzt diagnostizieren konnte, im Krankenhaus. Ich stand vor van Goghs Gemälde *Kornfeld mit Krähen*, dachte an den Künstler, an meine Freunde, an mich selbst – wie wir alle mit der unkontrollierbaren Natur des Lebens und mit dem Leiden, Veränderungen nicht aufhalten zu können, konfrontiert werden. Jeden Tag mögen wir denken, dass wir alles unter Kontrolle haben, nur um ein weiteres Mal eines Besseren belehrt zu werden.

Ich wandte mich von dem Gemälde ab und machte mich auf den Weg zum Geschenkladen, wo ich einen Freund treffen wollte. Der Laden war sehr gut besucht und voller Souvenirs. Irgendwann fand ich mich eingezwängt zwischen einem Stapel von Vincent van Gogh-Strandtüchern und einer Auslage von Vincent van Gogh-Mousepads. Der Kontrast zwischen meiner Erfahrung in der Ausstellung und dem, was mich in dem Geschenkladen umgab, war bizarr. Als ob der riesige, unbezwingbare Fluss des Lebens, den ich in den Gemälden van Goghs gesehen hatte, gezähmt und ordentlich in handhabbare und marktfähige Gegenstände gepackt werden könnte – Strandtücher und Mousepads und Regenschirme –, um gekauft, verpackt und weggesteckt zu werden. Trotzdem war auch ich einen Moment lang versucht, ein Souvenir zu kaufen, das mir als eine Art Totem gegen eine außer Kontrolle geratene Welt dienen könnte.

Tatsache ist, dass nichts, was wir erwerben, nicht einmal ein Vincent van Gogh-Mousepad oder ein Strandtuch, das Leben unter unsere Herrschaft bringen wird. Das Leben ist wie ein ständig wechselndes Kaleidoskop – eine leichte Veränderung, und alle Muster und Konfigurationen ordnen sich neu. Ein Streit mit einem Freund hat zur Folge, dass fünfzehn andere Beziehungen in Bewegung geraten und sich verändern, weil unsere Leben miteinander verbunden sind wie in einem Dominospiel. In einem Moment fühlt sich alles rund und perfekt an – im nächsten geschieht ein Unfall oder wir werden krank. Gerade haben wir uns damit arrangiert, allein zu sein, da treffen wir jemanden und verlieben uns bis über beide Ohren. Wir gehen in eine bestimmte Richtung, ein unvorhergesehenes Hindernis taucht auf, und wir müssen von unserem Weg abweichen. Plötzlich, auf bestürzende Weise, hat sich unser Leben grundlegend geändert.

Gleichgültig, wie sehr wir auch wünschten, dass es anders wäre, die Wahrheit ist, dass wir keine vollständige Kontrolle über die Ereignisse in unserem Leben haben. Trotz unserer Suche nach Stabilität und Planbarkeit, danach, dass der Mittelpunkt unseres Lebens unveränderlich und stabil bleibt, tut er das niemals. Das Leben ist ungestümer – wie der Strom eines Flusses, den wir nicht kanalisieren oder beherrschen können. Wir können auf das, was geschieht, einwirken, es beeinflussen und Druck ausüben, aber wir können nicht morgens aufwachen und entscheiden, was wir während des Tages erleben werden, was wir fühlen und womit wir konfrontiert sein werden.

Jedes Mal, wenn ich denke, dass ich endlich ein paar Bereiche in meinem Leben unter Kontrolle bekommen habe, drängt sich mir das Leben erneut auf, um mir zu zeigen, dass dies nicht der Fall ist. In jenem Winter, als ich die van Gogh-Ausstellung besuchte, erkrankte ich an einer schlimmen Grippe. Trotzdem setzte ich meine Reise fort und unterrichtete, bis die

Grippe sich in eine Bronchitis verwandelte, die so schwer war, dass ich mir beim Husten eine Rippe brach. Eines Abends, als ein erneuter Rückfall drohte, besuchte ich mit einigen Freunden zusammen Heilquellen – angeblich sollte das Wasser mir gut tun.

Wir saßen einige Zeit lang in dem warmen Wasser, betrachteten die Sterne und plauderten miteinander. Nach einer Weile kamen wir auf das Thema Angst zu sprechen und darauf, wie oft sie uns befällt, wenn wir erkennen, dass wir die Dinge nicht unter Kontrolle haben. Jeder von uns erzählte Geschichten, wann wir Angst erlebt hatten und wie wir damit umgegangen waren – souverän oder hilflos. Fast unbekümmert bemerkte ich: „Ich habe das Gefühl, dass es sehr lange her ist, seit ich das letzte Mal akute, heftige Angst gespürt habe – Angst, die mir in die Knochen gefahren ist." Wegen der größeren Gelassenheit, die ich durch die Meditation entwickelt hatte, dachte ich eigentlich, dass ich die Angst unter Kontrolle hatte, dass sie etwas war, womit ich vor langer Zeit, in meiner entfernten Vergangenheit, zu tun gehabt hatte. Was die schwächende, vernichtende Angst betraf, so glaubte ich: „Nie wieder."

Nur zwei Stunden später verwandelte sich meine Bronchitis in Asthma – die erste Asthmaattacke meines Lebens. Am Boden liegend, zitternd, unfähig zu atmen, fragte ich mich, ob ich jetzt sterben würde. Die Luft um mich herum schien sich in eine dickflüssige Substanz verwandelt zu haben, die zu dick war, um sie einzuatmen. Während ich nach Luft japste, erschien mir ein Bild meines Freundes im Krankenhaus mit der Lungenentzündung, und ich hatte die plötzliche, schreckliche Überzeugung, dass er sterben würde. Überwältigt von der Vorstellung, dass jemand vergeblich nach Atem ringt, darum

91

ringt, bis er stirbt, wurde mir klar, das diese Person in diesem Moment ich selber sein könnte. Plötzlich bekam ich eine Riesenangst.

Der Psychiater P. W. Winnicott hat solche Augenblicke, in denen wir uns vollkommen hilflos fühlen, in das Bild gefasst, ins Nichts zu fallen. Winnicott benutzte dieses Bild in Bezug auf Kinder, die unter der mangelnden Fürsorge einer depressiven Mutter aufwachsen, aber es beschreibt auch, was jeder von uns empfinden mag, wenn eine Situation, auf die wir uns verlassen haben, sich verändert, wenn alles um uns herum außer Kontrolle gerät.

Wie die meisten Menschen hatte ich gelernt, alles zu fürchten, was ich nicht kontrollieren konnte: widerstrebende Gefühle, den unzuverlässigen Charakter meines Körpers, die unkultivierte Natur und natürlich den Tod sowie all die kleinen Vorboten des Todes, die in den täglichen Veränderungen mitschwingen. Vielleicht hätte ich mich sicherer gefühlt, hätte ich die unerträgliche Unbestimmtheit, die tief greifenden Umwälzungen vermieden oder verleugnet. Aber indem ich lernte, klarer zu sehen, begann ich zu akzeptieren, dass – ganz gleich, was ich empfand – das Leben niemals vorhersehbar, ordentlich und planbar sein würde. Ich musste etwas anderes finden als Angst, um auf Veränderungen im Leben zu reagieren.

Wenn wir das Gefühl haben, dass unser Leben außer Kontrolle geraten ist, antworten die meisten von uns darauf zunächst mit Angst. Wenn uns die Angst überwältigt, sehen wir keinen Spielraum, keine Möglichkeiten mehr. Vor vielen Jahren nahm ich an einem Kurs von Jon Kabat-Zinn zur Stressreduzierung teil. Bei einer Übung ging er zur Tafel und zeichnete in deren Mitte ein Quadrat aus neun Punkten, die in drei pa-

rallelen Linien mit jeweils drei Punkten angeordnet waren.
Dann forderte er jeden in der Klasse auf, ein Stück Kreide zu
nehmen und zu versuchen, alle Punkte mit nur vier gerade Linien zu verbinden, ohne die Kreide von der Tafel abzusetzen
und ohne eine Linie doppelt zu ziehen. Einer nach dem anderen, alle dreißig von uns, gingen nach vorne an die Tafel. Wir
versuchten es, indem wir von links begannen, von rechts, von
oben, von unten, und gingen frustriert zurück an unsere Plätze,
weil wir die Aufgabe nicht hatten lösen konnten.

Dann nahm Jon die Kreide, und mit weiten, ausladenden
Strichen, die um Einiges über die Ränder des kleinen Quadra-
tes hinausreichten, tat er genau das, wozu er uns aufgefordert
hatte. Jeder von uns hatte unausgesprochen vorausgesetzt,
dass wir die Aufgabe innerhalb der begrenzten Fläche, die von
den neun Punkten gebildet wurde, lösen sollten. Jon hatte nie
gesagt, dass wir auf diese kleine Fläche festgelegt waren, aber
wir alle waren wie selbstverständlich davon ausgegangen,
dass dies der einzige Bereich war, innerhalb dessen wir uns
bewegen durften und eine Lösung finden mussten. Nicht einer von uns hatte sich über diese Annahme hinwegsetzen
können.

Angst erzeugt diese Art von Denkblockaden. Sie begrenzt
unsere Wahlmöglichkeiten, verhindert Kreativität, beschränkt
unsere Vorstellungskraft in Bezug auf das, was möglich ist.
Wenn die Gefahr physischer Natur ist, lenkt Angst uns in eine
von zwei Richtungen: Kampf oder Flucht. Der Körper rüstet
sich, die Bedrohung zu bekämpfen oder sich in Sicherheit zu
bringen. Aber selbst wenn wir uns nicht in tödlicher Gefahr
befinden, wenn uns die Angst packt, reagieren wir auf diese
Weise. Entweder, wir sträuben uns gegen das, was geschieht,

indem wir zornig darauf bestehen, dass es sich anders verhält, oder wir ziehen uns zurück und verleugnen so unsere Erfahrung. Wenn wir zutiefst verängstigt sind, betrachten wir jede Veränderung als eine Bedrohung und das Unvertraute als einen tödlichen Feind.

Lebendig zu sein bedeutet notwendigerweise Unsicherheit und Risiko, Zeiten, in denen wir unbekannte Wege beschreiten. Wenn wir uns dem Fluss des Lebens verweigern, verkümmern unsere Herzen. Wir sträuben uns so sehr gegen das Leben, dass wir uns von Körper und Geist abgetrennt fühlen, isoliert von anderen Menschen, selbst von jenen, die uns wirklich etwas bedeuten. Inmitten heftiger Emotionen wie Trauer oder Eifersucht mögen wir quälenden Schmerz empfinden, aber Angst blockiert uns und nimmt unsere Lebenskraft gefangen. Von Angst getrieben sterben wir innerlich ab.

Wenn das Leid überwältigend ist, versuchen wir vielleicht, den Schmerz zu betäuben, damit wir ihn nicht fühlen müssen. Viele von uns haben ihre Kindheit auf genau diese Weise überlebt. Aber wenn wir uns vom Geschehen abschneiden, nimmt uns die Angst gefangen. Wir können nicht mehr erkennen, dass es vielleicht einen anderen Weg gibt, um außerhalb des kleinen, von neun Punkten beschränkten Feldes reagieren zu können.

Im Gegensatz dazu erinnert uns Vertrauen an den ewigen Fluss des Lebens mit all seinen Strömungen und Möglichkeiten. Vertrauen ist eine Fähigkeit des Herzens, die uns erlaubt, uns der Gegenwart zu öffnen und die dem Moment zugrunde liegende Melodie wahrzunehmen, die die Erfahrung des Augenblicks mit dem Rhythmus des gesamten Lebens verbindet. Vertrauen ermöglicht uns, die Fragen danach, wer wir sind und was zu tun wir in der Lage sind, in einen größeren Sinnzusammenhang einzuordnen.

Mit Vertrauen zu handeln bedeutet jedoch nicht, sich von einem seiner Doppelgänger verführen zu lassen, die schnell zur Hand sind. Eine der subtilsten Weisen, wie Angst uns binden kann, und zwar auf so unscheinbare Weise, dass wir sie kaum Angst zu nennen gewohnt sind, besteht in dem, was man im Buddhismus „fixierte Hoffnung" nennt. Fixierte Hoffnung, wie die Hoffnung selbst, ähnelt Vertrauen, indem sie uns Möglichkeiten und neue Wege verspricht. Aber fixierte Hoffnung ist von Bedingungen abhängig. Sie verspricht Glück, aber nur unter der Bedingung, dass wir bekommen, was wir wollen. Wir können zum Beispiel Vertrauen in die Fähigkeit unserer Kinder haben, ein sinnvolles Leben zu führen, aber wenn das für uns bedeutet, dass sie später Ärzte oder Rechtsanwälte werden und nicht Aufseher oder Kellner, dann versuchen wir in Wirklichkeit, das Leben zu steuern. Jedes Beharren darauf, dass Menschen oder Umstände unseren Erwartungen entsprechen, ist nicht Ausdruck von Vertrauen, sondern lediglich ein weiterer Versuch, Kontrolle zu erlangen, und führt meistens zu Enttäuschung.

Es liegt mir fern, Hoffnungslosigkeit zu verordnen. Es ist ganz natürlich, dass wir wünschen, dass die Dinge sich in einer Weise entwickeln, von der wir glauben, dass sie gut für uns sind. Wenn wir Schmerzen haben, kann es für unsere Genesung oder sogar für unser Überleben entscheidend sein, dass wir die Hoffnung nicht aufgeben, dass sich die Dinge zum Guten wenden werden. Wenn wir unglücklich sind, ist es nur natürlich, wenn wir uns ausmalen, wie unser Leben anders und besser sein könnte.

Der Buddhismus betrachtet fixierte Hoffnung und Angst als zwei Seiten derselben Medaille. Wenn wir hoffen, ein bestimmtes Ergebnis zu erzielen oder einen bestimmten Wunsch erfüllt zu bekommen, fürchten wir immer, es könnte nicht geschehen. Auf diese Weise bewegen wir uns in einem endlosen Kreislauf von Hoffnung und Furcht. Fixierte Hoffnung verspricht, uns aus der begrenzten Fläche in der Mitte der Tafel in die Freiheit hinauszuführen, nur um uns in die engen Grenzen des kleinen Vierecks zurückzuverweisen.

Ich habe selbst diesen Kreislauf von Hoffnung und Furcht durchlebt, als Ram Dass, spiritueller Meister und Schriftsteller, 1997 einen schweren Schlaganfall erlitt. Er ist ein alter und enger Freund von mir. Seit unserem ersten buddhistischen Retreat in Bodhagya in Indien haben wir oft gemeinsam an vielen Orten auf der Welt spirituelle Kurse angeboten. Wir liebten und schätzten dieselben Lehrer. Als ein naher Vertrauter half mir Ram Dass einmal durch eine lange und schwierige Trennung hindurch. Wir pflegten einen lebendigen und anhaltenden Dialog über Themen, die uns bewegten. Wir feierten außerdem viele unserer bedeutenden Lebensabschnitte gemeinsam, so zum Beispiel seinen sechzigsten Geburtstag. Wir hatten einander über Jahrzehnte sehr nahe gestanden.

Während der Stunden, die direkt auf die Nachricht von seinem Schlaganfall folgten, versammelten sich einige unserer gemeinsamen Freunde in meinem Haus. Ohne zu wissen, ob Ram Dass leben oder sterben würde und ob er jemals wieder seine Sprachfähigkeit und seine Fähigkeit zu gehen wiedererlangen würde, versuchten wir uns gegenseitig zu trösten. Wir meditierten, wir hingen unseren Erinnerungen nach, wir warteten auf weitere Nachrichten und spekulierten, wie seine Situation wohl sein würde. Angst durchfuhr meinen Körper. Ich stand unter Schock, und ich fürchtete mich vor den Bildern, die andauernd vor meinem geistigen Auge auftauchten. Voller Angst und Panik, was alles geschehen könnte, spielte ich jedes Szenario ein Dutzend Mal durch: „Vielleicht wird er sprechen, aber nicht laufen können. Vielleicht wird er schreiben, aber nicht sprechen können. Vielleicht wird er wieder ganz gesund." Natürlich waren das alles Vermutungen und der hilflose Versuch, ein wenig Kontrolle über die Situation zu erlangen – so als könnte ich, indem ich etwas nur oft genug wiederholte, es Wirklichkeit werden lassen.

Ich wünschte so sehr, dass Ram Dass sich von seinem Schlaganfall vollständig erholen würde, dass er genauso aussehen und handeln würde wie zuvor. Ich wollte, dass er herumlaufen, Witze machen und einfach so strahlend wie immer sein würde. Ich hätte meine Erwartungen wahre Hoffnung nennen können, aber im Grunde waren sie Ausdruck von fixierter Hoffnung. Angst hielt mich davon ab, die Realität an mich herankommen zu lassen: Ram Dass konnte sich nicht bewegen, er konnte nicht kommunizieren und sah ungewissen Heilungschancen entgegen.

Frustriert darüber, dass ich in dieser Situation gar nichts tun konnte, betete ich. Ich rief alle Buddhas und Bodhisattvas im Universum an, jene Wesen, die für mich für Freiheit stehen und Güte und Weisheit verkörpern. Ich suchte eine Zuflucht außerhalb von mir, nicht in der Buddha-Natur in mir selbst. Ich verband mich mit all jenen, die den Buddha hingebungsvoll anrufen. Ich suchte Schutz und flehte um Hilfe.

Indem ich mich einer größeren Macht anvertraute, fühlte ich mich weniger allein und stärker verbunden mit den Kräften des Schutzes und der Liebe. Aber noch immer hatte ich Angst. Schließlich musste ich zugeben, dass ich die Situation nicht wirklich in die Hände Buddhas legte. Ich bat inständig darum, dass dieses große Unglück sich einfach auflösen möge, dass es Ram Dass vollkommen gut gehen sollte, so, als ob der Schlaganfall niemals geschehen wäre. Ich betete, dass die Dinge genauso laufen sollten, wie ich es wollte.

So zu beten ist keine schlechte Sache. Als ich im Krankenhaus lag und mir eine Operation wegen des Verdachts auf ein bösartiges Geschwür bevorstand, betete meine Freundin Sylvia Boorstein für mich. Später erzählte sie mir: „Ich habe nichts von dem ‚Was auch immer für sie am besten ist, möge es eintreffen'-Kram gemacht. Ich habe nur gesagt: ‚Kein Krebs! Kapiert, Gott?'" Ich musste sehr über ihre spirituelle „politische Inkorrektheit" lachen. Es tat mir gut, so kraftvoll durch die Intensität ihrer Sorge getragen zu sein. Ich glaube, dass solche Gebete eine Energie erzeugen, die eine Wirkung haben können. Mir tat es auch gut, dass sie ganz ungeniert zugab, dass sie genau wusste, was sie sich in Bezug auf meine Operation wünschte und dass sie das Ergebnis genau so haben wollte, wie sie es sagte. Nichts anderes. Kapiert, Gott?

Aber Sylvia wusste – so wie ich, als ich für Ram Dass betete –, dass, wenn wir absolut darauf bestehen, dass die Dinge so verlaufen, wie wir es uns wünschen, unsere Gebete zu einer Form von fixierter Hoffnung werden. Wenn Hoffnung und Furcht Strategien werden, um zu vermeiden, dass wir der Realität unverstellt ins Auge sehen, dann haben wir nichts, worauf wir effektives Handeln oder echten geistigen Frieden gründen können. Wir geraten wieder in den Kreislauf von Hoffnung und Furcht.

Als ich den Grund meiner Angst erkannte, begann ich mich zu entspannen. Außerhalb der Grenzen meiner Furcht lag ein weiter Raum voller Möglichkeiten. Darauf lenkte ich meinen Geist. Wofür ich eigentlich beten wollte war, dass sich Ram Dass nicht ganz allein fühlen möge; dass er sich beschützt und gehalten fühlen und dass Güte ihn umgeben würde. Das hatte nichts damit zu tun, auf ein bestimmtes Ergebnis zu hoffen. Ich sah, dass Ram Dass in einen Bereich eintrat, den niemand von uns beherrschen konnte, und wenn ich diese Tatsache nicht akzeptieren konnte, würde ich ihn nicht dorthin begleiten können. Je mehr ich die Realität dessen, was sich ereignet hatte, leugnete oder bestritt, desto begrenzter würde meine Fähigkeit sein, meinen Freund auf liebevolle Weise zu unterstützen.

Die ganze Nacht hindurch saß ich Seite an Seite mit meiner Angst. Als ich dies vor mir zugab und meine Angst annahm, begann sich mein Herz langsam zu weiten. Ich konnte das Unbekannte akzeptieren, ohne gleich einen strategischen Plan zu entwickeln, um es zu kontrollieren. Nachdem die Angst nicht länger meinen Geist beherrschte, konnte sich meine Liebe für Ram entfalten. Meine Liebe zu ihm hing nicht von einer fixierten Hoffnung auf vollständige Genesung ab. Die Kraft der Liebe würde nicht erschüttert werden durch Veränderung oder sich im Strudel meiner panischen Angst auflösen.

Meine Freunde und ich waren still geworden, jeder von uns hing seinen eigenen Gedanken und Erinnerungen an Ram Dass nach, als spät in der Nacht eine seiner engsten Freundinnen, Mirabai Bush, leise sagte: „Hier und jetzt begegnen wir dem Geheimnis. Dies ist der Moment, in dem wir Vertrauen haben sollten." Da jeder von uns die Tatsache von Ram Dass'

Schlaganfall akzeptiert hatte und wir uns unserer Unfähigkeit, die Situation zu kontrollieren, ergeben hatten, erfüllte eine Leichtigkeit und spürbarer Friede den Raum. Niemand von uns wusste, was geschehen würde, aber Vertrauen erlaubte es uns, uns in diesen weiten Raum des Nicht-Wissens hineinzubegeben. Selbst als ich Kummer verspürte, erinnerte ich mich daran, dass das Leben größer ist als seine sich ständig – manchmal auch dramatisch – verändernden Umstände. Während ich im Zimmer umherschaute und in die Gesichter meiner Freunde blickte, verehrte ich die Zuflucht des Sangha, der Gemeinschaft, die mir kontinuierlich dabei geholfen hat, mich einer höheren Wahrheit zu öffnen.

Meine Augen wanderten zum Kaminsims in meinem Wohnzimmer, auf dem zwei Fotos von meinem tibetischen buddhistischen Lehrer Nyoshul Khen Rinpoche, kurz Khenpo genannt, stehen. Sie wurden an einem Nachmittag in den Catskills geschossen, als wir gemeinsam einen Tierarzt zu Hause besuchten. Als wir dort zusammensaßen und Tee tranken, kam eine zahme Taube herübergeflogen und landete auf Khenpos Hand. Ein Foto zeigt, wie er die Taube sanft lächelnd in seinen Händen hält, auf dem anderen Bild fliegt die Taube gerade wieder los und Khenpo lacht, so als erfreue er sich an der Freiheit der Taube. Ich hatte diese Bilder jeden Tag angeschaut, und als ich an Ram Dass dachte, schienen sie mir von besonderer Bedeutung zu sein. Ram Dass und ich hatten zusammen mit Khenpo studiert und waren von der spielerischen Natur dieses außergewöhnlichen Lehrers tief beeindruckt. Eine der wichtigen Lektionen, die ich von Khenpo gelernt habe, ist die Kraft des Loslassens angesichts unerwarteter Veränderungen im Leben.

In Tibet war Khenpo ein hoch angesehener Lehrer gewesen. Nach seiner Flucht vor der Verfolgung durch das kommunistische chinesische Regime lebte er einige Zeit als Bettler auf den Straßen von Kalkutta. Doch die ganze Zeit über war Khenpos Vertrauen zum Dharma, zu der Wahrheit, wie die Dinge sind, unerschütterlich geblieben. „Manchmal wurde mir großer Respekt entgegengebracht, und ich führte ein komfortables Leben", sagte er. „Öfter hatte ich alles verloren und war mit Armut geschlagen. Dennoch hat mich der unerschöpfliche Reichtum der inneren Wahrheit und des inneren Friedens immer sicher getragen."

Als ich die Fotos betrachtete, inspirierte mich Khenpos Vertrauen aufs Neue. Ich konnte Zuflucht zum Dharma nehmen, so als sei ich die Taube, die Khenpo sanft in seinen Händen hält, voller Vertrauen darauf, dass ich von der Güte, der Liebe, die er verkörperte, gehalten wurde. Auch konnte ich wie Khenpo loslassen – und dem Augenblick erlauben davonzufliegen.

Anstatt nach etwas zu suchen, das mich vor der Veränderung schützen würde, konnte ich eine Heimat im Wechsel von Licht und Schatten finden, der mich umgab. Ich konnte nicht verlangen, dass Ram Dass wieder gesund wurde; ich konnte nicht bestreiten, dass ich Angst um ihn hatte. Aber ich hatte die Wahl, aus Angst heraus oder mit Vertrauen zu handeln.

Vertrauen befähigt uns, trotz unserer Angst der Wahrheit des gegenwärtigen Augenblicks so nah wir möglich zu kommen, so dass wir unser Herz der Wirklichkeit öffnen können. Wir mögen (und häufig müssen wir sogar) hoffen und planen und arrangieren und probieren, aber Vertrauen gibt uns die Fähigkeit, uns mit unserer ganzen Energie einzusetzen und dabei gleichzeitig zu erkennen, dass wir keine letzte Macht über den Verlauf der Ereignisse haben und dass keine Strategie uns jemals eine vollständige Kontrolle über die Entwicklung der Dinge ermöglicht. Vertrauen macht es uns möglich, am Leben und somit am Unbekannten teilzuhaben und nicht davor zurückzuschrecken.

Das englische Wort „courage", Mut, hat dieselbe etymologische Wurzel wie das französische Wort „cœur", was „Herz" bedeutet. Mut zu haben, ähnlich wie Vertrauen, bedeutet, beherzt zu sein. Mit Mut erkennen wir offen an, was wir nicht unter Kontrolle haben, treffen kluge Entscheidungen darüber, was wir beeinflussen können und wagen den nächsten Schritt, auch wenn wir nicht genau wissen, wohin er uns führt.

Genauso verhält es sich mit Vertrauen. In dieser langen Nacht erkannte ich, dass, wenn ich nur in der Lage wäre, Ram Dass' Schlaganfall mit Vertrauen anstelle von Angst zu begegnen, ich ihn ganz so erleben würde, wie er war und wie er sich weiterhin verändern würde. Wenn ich erkennen würde, dass es nur wenig gab, was ich tun konnte, um ihm zu helfen, so würde ich meinen Freund nicht im Stich lassen. Mit Vertrauen konnte ich mit ihm in Verbindung bleiben und verhindern, dass sich die Bestürzung über meine eigene Machtlosigkeit meiner Liebe zu ihm in den Weg stellte. Mit Vertrauen zu handeln bedeutete zu lernen, meine Zuneigung zu ihm nicht von seinen sprachlichen Fähigkeiten, seiner Mobilität oder selbst von seinem Überleben abhängig zu machen. Die Nähe, das Verständnis, die Hingabe der Liebe würden nicht geringer werden, indem ich losließ, wie in dem Moment, als Khenpo die Taube fliegen ließ.

So wie Vertrauen unerschütterliche Liebe ermöglicht, erlaubt uns die Kraft der Liebe zu vertrauen. Kierkegaard schrieb:

„Durch Liebe wird Hoffnung zu Vertrauen." Indem sie den Segen der Verbindung aufzeigt, unabhängig davon, was geschieht, erlöst uns die Liebe von unserem verzweifelten Bemühen, das Leben kontrollieren zu wollen. Liebe öffnet unser Herz weit genug, um das Unbekannte, das Unregierbare, zuzulassen. Diese Offenheit schafft den Raum, den wir brauchen, um aus unseren eingefahrenen Gewohnheiten herauszutreten und voller Vertrauen einen neuen Weg zu wagen.

Einmal besuchte ich den Vortrag einer Frau, die auf wundersame Weise zu gehen begonnen hatte, nachdem sie lange Zeit an den Rollstuhl gefesselt gewesen war. Im Kreis mir gegenüber saß ein gut aussehender junger Mann von Anfang zwanzig in seinem Rollstuhl. Neben ihm saß sein Vater. Er trug eine Arbeitsuniform, so als sei er hastig herbeigeeilt, ohne zuvor Zeit gehabt zu haben, seine Kleidung zu wechseln. Die Schultern des Vaters hingen herab; er sah erschöpft aus. Ich ertappte mich dabei, wie meine Aufmerksamkeit an diesen beiden Männern hängen blieb. Ich sah den Hunger in den Augen des jungen Mannes und fragte mich, ob er seine tiefe Hoffnung widerspiegelte, wieder gehen zu können. Ich sah die Liebe in den Augen des Vaters, als er verstohlen zu seinem Sohn herüberblickte. Ich konnte den schmalen Grat sehen, auf dem der Vater sich bewegte. Er wollte nicht, dass sein Sohn zu hohe Erwartungen aufbaute, gleichzeitig wollte er aber auch nicht, dass er noch tiefer in Resignation verfallen würde. Während der Mann mit ganzem Herzen gewünscht haben muss, dass sein Sohn wieder würde gehen können, fühlte ich, dass seine Liebe für seinen Sohn vollkommen unabhängig von irgendeinem bestimmten Ergebnis war, so dass er Vertrauen haben konnte anstelle von Angst.

In ähnlicher Weise erkannte ich, dass, wenn ich meine Liebe für Ram Dass mit meinem Bedürfnis nach seiner Genesung verknüpfte, ich eine Fülle von Möglichkeiten und Verbindungen an einer sehr labilen Konstruktion festmachte – nämlich genau das zu bekommen, was ich wollte.

· · ·

Etwa ein Jahr nach seinem Schlaganfall saßen Ram Dass und ich gemeinsam auf seiner Veranda. Er hatte zu diesem Zeitpunkt einen beachtlichen Teil seines Sprechvermögens wiedererlangt, aber er hatte oft Schwierigkeiten, sich frei auszudrücken. Das war besonders schmerzlich, weil Ram Dass' Wortgewandtheit vor seinem Schlaganfall ihm einen ganz eigenen Charme verliehen hatte. Oft hatten seine Vorträge seine Zuhörer geradezu verzaubert.

Jetzt fragte er stockend, mühsam einige Worte hervorbringend, wie meine Arbeit an meinem Buch über Vertrauen voranging. „Es ist wirklich schwer", sagte ich zu ihm. „Nie zuvor musste ich so tief in mein Inneres vordringen." Dann wurde mir klar, dass diese Aussage nicht ganz richtig war. „Oder vielmehr", berichtigte ich mich, „ich musste niemals so tief in mein Inneres vordringen, um Worte daraus hervorzuholen." Er sah mich sanft an und sagte langsam: „Das ist ... wie ich ... jetzt ... jeden Tag ... bin."

Vertrauen zu haben bedeutet nicht, sich nicht mehr anzustrengen. Wenn wir versuchen, eine Veränderung zu bewirken, können wir uns in die Arbeit stürzen und unser Bestes geben. Vertrauen ist deswegen ein besonderes Geschenk, weil es uns erlaubt, unser intensives Bemühen von einer ganzheitlicheren Vision des Lebens leiten zu lassen, in der Veränderung, die Flüchtigkeit des Lebens, seine Beeinträchtigungen und seine ungebärdige Natur Berücksichtigung finden.

Ich verbrachte einen ganzen Nachmittag mit Ram Dass auf seiner Veranda. Es gab lange Pausen, in denen wir nur still zusammen saßen, den Vögeln zuhörten, den leichten Wind spürten, voller Dankbarkeit, lebendig zu sein. Abwechselnd versuchten wir beide, aus einem Ort tief im Inneren ein paar Worte hervorzuholen. Irgendwann erwähnte Ram Dass den Namen einer gemeinsamen Bekannten, die auch einen Schlaganfall erlitten hatte. „Sie hat ihr Vertrauen verloren", erklärte er. „Dreißig Jahre lang hatte sie nur ... an die ... Güte Gottes geglaubt, und dann hatte sie ihren Schlaganfall ... und dann sah sie ..." Er blickte mich unverwandt an, und in seinen Augen sah ich einen Augenblick lang den Schrecken und die Ungeheuerlichkeit dessen, was er seit seinem Schlaganfall erlebt hatte. Es war, als würde man ein ganzes Universum in seinen Augen erblicken – von Schock und Schmerz über Frustration und Scham. Anders als jene Frau, deren Bild von der Welt das Leiden ausgeschlossen hatte, war Ram Dass' Bild der Welt offen genug geblieben, um Leid miteinzubeziehen. Und deshalb wusste er, dass mit dem Schmerz auch Dankbarkeit, Liebe, Fürsorge und die Aufgabe einhergingen, den Schmerz anzunehmen. Der Ausdruck in seinen Augen war so durchdringend, dass er mir tief unter die Haut ging.

Ich erzählte Ram Dass davon, was mit mir in der Nacht seines Schlaganfalls geschehen war und wie ich mich über meine Wünsche, meine Ängste, über mein Verlangen nach einer erkennbaren gütigen Macht hinweg, die die Situation für ihn verbessern sollte, hatte öffnen müssen. Lächelnd sagte er: „Es scheint ... ich habe durch den Schlaganfall mehr über die Liebe gelehrt ... als in den dreißig Jahren ... in denen ich Vorträge darüber gehalten habe." Er hat uns auch die Kraft des Vertrauens gelehrt, die nicht vom Festklammern am Bekannten abhängt, sondern darauf beruht, sich der Weite und dem Geheimnis zu öffnen, die das Leben in jedem Augenblick bereithält.

Was immer uns auch an unsere Grenzen führen mag – es führt uns zugleich zum Herzen des Geheimnisses des Lebens, und dort finden wir Vertrauen. Auf dem Weg dorthin werden wir möglicherweise mit vielen alten Gewohnheiten konfrontiert. Als meine Asthmaattacke begann, war mein erster Impuls, dagegen anzukämpfen, sie mit stählerner Entschlossenheit durchzustehen. In meiner Unfähigkeit zu atmen schlug ich wild um mich und geriet in totale Panik. Ich hatte nicht nur Angst. Schlimmer noch: Ich hatte Angst vor der Angst. Ich kämpfte mit der Angst, legte mich mit ihr an und hasste mich gleichzeitig für meine Schwäche. Der Strudel meiner panischen Angst wurde immer gewaltiger, und ich stemmte mich verzweifelt dagegen. Je mehr ich jedoch versuchte, gegen die Angst anzukommen, desto stärker wurde sie, bis ich erschöpft den Kampf aufgab.

Als ich aufhörte, Widerstand zu leisten, nahm meine Angst augenblicklich ab. Ich hatte immer noch Angst, aber ich schlitterte nicht mehr den rutschigen Abhang hinunter in dem verzweifelten Versuch, Kontrolle zu erlangen, und dem gleichzeitigen Gefühl von Machtlosigkeit, als ich merkte, dass mir dies nicht gelang. Ich hatte immer noch Angst, aber ich fühlte mich nicht mehr abgeschnitten von der Kraft, im Augenblick zu sein, und den Möglichkeiten, die darin verborgen liegen.

Die Panik, der Schmerz, das Schnappen nach Luft verschwanden nicht, aber sie schienen nun wie Schwimmbojen in einem Gewässer, das in der Tiefe von Ruhe bestimmt ist. Die dicke Luft, die mir so erdrückend schien, begann dünner zu werden. Mein Geist, der sich in eine kleine Ecke von Angst verkrochen hatte, entdeckte, dass es Raum gab, in dem er sich bewegen konnte. Ich spürte, wie sich mein Herz weitete und mein Mut zurückkehrte. Obwohl ich immer noch Angst hatte, spürte ich auch Vertrauen.

In meinem Inneren konnte ich die Worte hören, die ein Freund sagte, als er von seiner unheilbaren Krankheit erfuhr: „Ich werde mir meinen eigenen Tod nicht zum Feind machen." Wenn ich sterben sollte, wollte ich mein Leben nicht voller Verbitterung darüber beenden, dass ich keine Kontrolle über die Situation erlangt hatte. Was auch immer mit mir geschah, ich wollte offen für den Moment sein. Vertrauensvoll ergab ich mich dem Augenblick. Fast im selben Moment schien es, als würde ich aufgehoben, so als würde ich vom stürmischen Rand eines Hurrikans in sein stilles Zentrum getragen. Friedliche Zuversicht erfüllte mich. Bald begann mir das Atmen leichter zu fallen, und ich wusste, dass ich den Anfall gut überstehen würde. Solange wir leben, werden wir Angst erleben. Gleichgültig, wie tief unser Vertrauen ist, wenn unser Leben bedroht ist oder wenn wir denken, dass wir in Gefahr sind, werden wir Angst verspüren. Aber unsere Haltung unserer Angst gegenüber kann sich verändern. In Indien ging ich einmal zu einem bekannten Advaita-Vedanta-Lehrer, der Poonja hieß. In seiner Gegenwart hatte ich eines Tages eine kraftvolle Vision davon, wie ich mit jedem anderen Menschen im Raum und schließlich mit jedem in der Stadt, im Land und auf dem

Planeten verbunden war. Als ich ihm davon erzählte, sagte er: „Jetzt wirst du nie wieder Angst verspüren." Ich dachte: Ja, stimmt, wahrscheinlich nicht mehr.

Keine Viertelstunde später bewegte ich mich wieder auf den Straßen Indiens mit all den Autos, Lastwagen, Fahrrädern, Kutschen, Wagen, Menschen und Tieren, die sich in den Straßen wirr durcheinander tummelten. Direkt neben mir ging eine Meute Hunde im Kampf um einige Futterbrocken aufeinander los. Das Leben stürmte auf mich ein, alles ging zu weit, zu schnell – und schon hatte ich wieder Angst.

Einerseits hätte ich sehr enttäuscht sein können – knappe fünfzehn Minuten Freiheit! Andererseits spürte ich, dass ich zwar Angst hatte, aber dass es nicht dieselbe Erfahrung von Angst war, die ich normalerweise hatte. Ich hatte ein tiefes Wissen von dem immensen Ausmaß der Verbindungen im Leben, innerhalb dessen Angst entstand. Ich verstand, dass Poonja nicht gemeint hatte, dass ich keine Angst mehr empfinden würde, sondern vielmehr, dass sich meine Haltung ihr gegenüber verändern würde.

Indem unser Vertrauen wächst, wird der „Behälter", in dem Angst aufsteigt, größer. Mit unserer Angst verhält es sich wie mit einem Teelöffel Salz, den man in einen Teich voll frischen Wassers anstatt in ein kleines Glas gibt: Wenn unsere Angst in einem offenen, geistig weiten Raum aufsteigt, müssen wir nicht mehr „eng" werden und uns verschließen. Wir mögen sie immer noch als Angst erkennen, wir mögen immer noch innerlich erschüttert sein, aber sie wird unseren Geist nicht brechen.

Mir wurde immer klarer, dass das Leben niemals Garantien für Schutz und Sicherheit bereithält. Wir werden nicht aufhören zu fallen, aber im Fallen können wir Vertrauen finden. In seinem Gedicht „Herbst" beschreibt Rainer Maria Rilke die bittersüße Wahrheit des unausweichlichen Wandels und zeigt, was Vertrauen für ihn bedeutet:

> Die Blätter fallen, fallen wie von weit,
> als welkten in den Himmeln ferne Gärten;
> sie fallen mit verneinender Gebärde.
>
> Und in den Nächten fällt die schwere Erde
> aus allen Sternen in die Einsamkeit.
>
> Wir alle fallen. Diese Hand da fällt.
> Und sieh dir andre an: Es ist in allen.
>
> Und doch ist Einer, welcher dieses Fallen
> unendlich sanft in seinen Händen hält.

Durch meine Asthmaattacke wurde mir bewusst, dass ich gehalten wurde. Ich würde nicht unbedingt den Ausdruck „in seinen Händen" verwenden, um mein Gefühl von Verbindung zu beschreiben, über das Rilke spricht, aber die Erfahrung ist dieselbe. Mein Gefühl ist, dass ich in dieser Nacht wirklich vom Dharma gehalten wurde, von einer tieferen Wahrheit. Ich hätte diese Einsichten niemals aufgrund meines Willens oder einer bewussten Entscheidung erlangt. Sie kamen zu mir, ohne dass ich darum gebeten hatte, wie ein Segen.

Wenn wir die Macht des Vertrauens erfahren, bedeutet dies nicht, dass wir die Angst zum Verschwinden gebracht haben oder dass wir uns ihr verweigern oder sie durch angestrengte Bemühung überwunden haben. Es bedeutet, dass, selbst wenn wir glauben, dass wir die Angst besiegt haben, nur um ein weiteres Mal von ihr überwältigt zu werden, wir trotzdem weitergehen können. Es bedeutet, dass wir Angst spüren und dennoch mit unserem Herzen in Verbindung bleiben, so dass die Angst nicht unsere ganze Welt – alles, was wir sehen oder tun oder uns vorstellen können – beherrscht. Indem wir uns dem Moment öffnen, wie auch immer er ist oder sein könnte, anstatt vor ihm davonzulaufen, werden wir uns immer deutlicher bewusst, dass unser Leben Teil eines immens großen Gewebes aus vergänglichen, flüchtigen, schillernden Mustern des Wandels ist. Indem wir das vergebliche Bemühen um Kontrolle aufgeben, können wir uns als Teil eines Gesamten sehen, immer im Geschehen, immer im Hier, ob wir dessen gewahr sind oder nicht.

Gehalten zu werden hält das Fallen nicht auf, verändert die Dinge nicht schlagartig so, dass sie unseren Wünschen entsprechen. Wir sind nicht in der Lage, das Unbekannte aufzuhalten, unsere Erwartungen aufzugeben oder den Wirbelsturm der Umstände unter unsere Herrschaft zu zwingen. Was wir aber tun können ist, die Verkrustungen der Vergangenheit und die angstvollen Pläne für die Zukunft loszulassen, um im gegenwärtigen Augenblick anzukommen, um den natürlichen Fluss des Lebens zu spüren und die vielfältigen Möglichkeiten, die in ihm enthalten sind.

Wir können das Geheimnis erkennen, das sich vor uns und in uns ausbreitet. Wir können aus dem Kreislauf von Hoffnung und Furcht heraustreten. Diese Möglichkeit ist es, die uns hält. Dies ist es, worauf wir vertrauen können. Selbst wenn wir fallen, endlos fallen – mit Vertrauen werden wir gehalten, solange wir uns jedem Augenblick öffnen.

KAPITEL 5

Verzweiflung:
Der Verlust des Vertrauens

Fast zwanzig Jahre nachdem ich zum ersten Mal meditiert hatte, nahm ich an einem Retreat teil, das „down under" in Australien, in einem versteckt gelegenen Kloster in New South Wales stattfand. In diesem Kloster gab es streng angelegte Gärten, schwere Einrichtungsgegenstände aus Mahagoni, reichliche Mengen an Tee, streunende Tigerkatzen und bei Nacht zu wenig Wärme. Das Retreat fand unter der Leitung des birmesischen Meisters Sayadaw U Pandita statt. Während der vorangegangenen sechs Jahre hatte dieser hoch angesehene Mönch – Abt eines der Hauptklöster in Südostasien – zu meinen wichtigsten Lehrern gehört. Er inspirierte mich sowohl durch seine strenge Disziplin als auch durch seine tiefe Weisheit.

Inzwischen hatte sich mein Leben durch meine Meditationspraxis gewaltig verändert. Mein Geist war vom großen Kummer meiner Kindheit befreit. Das Leiden, dass ich bei mir selbst erfahren und das ich bei anderen gesehen hatte, hatte mich von einfachen Antworten Abstand nehmen lassen und mich zu einem tieferen Verständnis geführt. Ich wusste zu schätzen, was ich gewonnen hatte; ich hatte die Macht der Liebe und des Mitgefühls erkannt. Ich verfügte über ein ausgedehntes Netzwerk von hilfreichen Freunden auf dem Weg. Außerdem war ich äußerst zufrieden mit dem Unterrichten, das zu meinem Beruf geworden war. Mein Leben hatte durch meine spirituelle Praxis einen wunderbaren Schwerpunkt erhalten und ich war glücklicher, als ich es jemals für möglich gehalten hätte.

Ich glaubte, für ein gewiss anstrengendes, aber befreiendes Retreat bereit zu sein. Meine innere Welt fühlte sich ordentlich und sauber aufgeräumt an, vielleicht spiegelte sie das Malerische der Umgebung wider. Was auch immer an Störungen in meinen Gedanken auftauchte – verwaltungstechnische Entscheidungen, die getroffen werden mussten, wenn ich wieder zu Hause war, klärende Gespräche, die geführt werden mussten, bevor irgendwelche Missverständnisse entstanden –, sie schienen vage und entfernt, Themen, die ich sorgfältig verschnüren und auf einem Regal verwahren konnte, um mich später in aller Ruhe darum zu kümmern. Unter diesem Mantel des Friedens verborgen lag jedoch ein tiefer Schmerz, gewohnheitsmäßig unter Verschluss gehalten und von der dünnsten aller Häute zurückgehalten.

Eines Tages, während der Meditation, riss die Membran, und ich betrat eine Stufe des Leidens, die mich dazu führen würde, nach einer neuen Ebene von Vertrauen zu greifen.

Wir alle erleben Zeiten im Leben, in denen der Schmerz so überwältigend ist, dass wir uns darin völlig verloren fühlen. Es ist ein Leiden, dass uns versiegelt, ohne uns einen Ort zu lassen, an den wir gehen können, ohne sicheren Abstand, von dem aus wir unsere Qual betrachten können. Es ist ein Leiden, dass sich in einem absurden alchemistischen Prozess immer weiter in die bleierne Schwere der Verzweiflung hineinentwickelt. In solchen Zeiten finden wir nicht nur nichts, an das wir unser Herz hängen können, wir finden nicht einmal einen richtigen Zugang zu unserem Herzen. Wir fühlen uns verloren und vollkommen allein. Es ist, als würden wir in einer dunklen Gasse liegen, während andere in der Nähe in einem Restaurant sitzen und ihr Essen genießen, feinen Wein trinken und ihr Dessert aus einem reichen Angebot wählen. Würden wir schreien, hörte uns niemand. Und hörten sie uns, wäre es ihnen gleichgültig. Falls es jemanden aus irgendeinem Grund interessieren würde, so hätten wir dieses Interesse nicht verdient. Unser Schmerz ist die gewaltigste Sache des Universums, und zugleich ist er die allerunbedeutendste. Es scheint nur ein Ziel zu geben, zwingend, unausweichbar – die Nacht. Das ist Verzweiflung.

Normalerweise gilt Zweifel als die Kraft, die dem Vertrauen entgegensteht. Nach meiner Erfahrung ist Zweifel jedoch ein wesentlicher Bestandteil echten Vertrauens. Der Geisteszustand, der meiner Meinung nach das wahre Gegenteil von Vertrauen bildet, ist Verzweiflung. Vertrauen ist die Fähigkeit, sein Herz in die Wahrheit des Geschehens zu legen, seine Erfahrung als die Verkörperung des Lebensgeheimnisses anzusehen, als gegenwärtigen Ausdruck des Möglichen, als einen Kanal, der uns mit einer höheren Wirklichkeit verbindet. Wenn wir uns von Verbindung und Sinn getrennt fühlen, können wir letztlich so sehr in unserem Geisteszustand gefangen sein, dass die ganze Welt nur noch in Bezug auf unser Leiden zu existieren scheint.

Vielleicht verzweifeln wir, weil jemand uns schmerzlich enttäuscht oder uns ganz beiläufig mit seinem Urteil über uns vernichtet, und die Welt scheint ohne Liebe zu sein. Vielleicht verzweifeln wir, weil jemand anderer so brutal behandelt wird, dass unser Glaube an die Menschlichkeit zerstört wird. Oder wir selbst haben uns so schlecht benommen, dass wir uns nicht vorstellen können, jemals wieder frei zu sein von Selbstvorwürfen und Reue.

Der Abstieg in die Verzweiflung kann in Stufen verlaufen, in Form einer Anhäufung vieler kleiner Erfahrungen, sodass wir in die Irre geführt werden und glauben, uns in keiner Weise in Gefahr zu befinden. Dann, eines Tages, können wir es nicht mehr ertragen und müssen erkennen, dass wir auf einem öden und verlassenen Abhang festsitzen. Wir wünschen sehnlichst, ihn zu verlassen und würden es tun, wenn wir nur herausfinden könnten, wie wir eigentlich in diese Falle geraten sind.

Oder wir kommen gut mit dem Leben zurecht, bis plötzlich der Boden unter uns wegbricht. Wir erfahren, dass wir Krebs haben, oder ein geliebter Mensch stirbt. Das ist ein Trauma – eine heftige, abrupte und tiefgreifende Veränderung unserer Lebensumstände – und es kann uns in den Abgrund der Verzweiflung stürzen.

Wenn wir verzweifeln ist das Quälendste, dass wir uns von allem und jedem um uns herum getrennt fühlen, allein und auf uns selbst gestellt. Eine Frau, die den Bombenangriff auf Hiroshima erlebt hat, beschrieb ihr Verlassenheitsgefühl: „Als die Bombe fiel, wurden wir alle zu vollkommen isolierten Menschen." Dies ist die Essenz der Verzweiflung – das Gefühl der totalen Isolation und Getrenntheit. Wenn wir glauben, dass unsere Lebensumstände – innere und äußere – sich niemals verändern und dass es gar nichts gibt, was wir tun könnten, um noch einmal Liebe und Frieden zu finden, ist unser Vertrauen von der Hoffnungslosigkeit aufgezehrt.

Es ist klar, warum jemand, der in Hiroshima war, als die Atombombe fiel, der unter Folter gelitten hat oder im Konzentrationslager war, Verzweiflung erlebt. Aber einige Menschen fühlen sich auch in Lebenslagen niedergeschmettert, die viel weniger entsetzlich sind. Manche befinden sich innerlich im Krieg, selbst wenn sie in materiellem Luxus leben, manchmal sogar von fürsorglichen Familienmitgliedern oder Freunden umgeben sind. Wenn die äußeren Bedingungen in unserem Leben es gut mit uns meinen und wir trotzdem leiden, sind wir vielleicht beschämt und denken: *Na, ja, dieses Leiden ist so klein, verglichen mit manch anderem. Warum sollte es mir schlecht gehen?* Viktor Frankl, der Psychotherapeut, der jahrelang in Auschwitz gewesen war, sah voraus, dass in den Augen der Welt das Leiden des Holocaust jedes andere überschatten würde. In *... trotzdem Ja zum Leben sagen* schrieb er, dass man niemals den Grad des Leidens vergleichen kann, denn „so wie eine bestimmte Gasmenge einen Hohlraum, in den sie gepumpt wird, wie groß immer er auch sein mag, auf jeden Fall gleichmäßig und vollständig ausfüllt, genau so füllt das Leid die Seele des Menschen, das menschliche Bewußtsein, auf jeden Fall aus, ob dieses Leid nun groß oder gering ist." Wenn wir verzweifelt sind, sei es aus deutlich nachvollziehbaren Gründen oder nicht, fühlen wir uns niedergeschlagen und allein. Jeder, der sich jemals in diesem Geisteszustand befand, aus welchem Grund auch immer, wird die Aussage „Wir alle wurden zu vollkommen isolierten Menschen" in sich wiedererkennen.

Leiden dieser Art scheint eine Sackgasse zu sein, sinnlos, bedeutungslos. Trotzdem wird in der buddhistischen Lehre Leid als die unmittelbare Ursache für Vertrauen angesehen. Der

Ausdruck „unmittelbare Ursache" meint: der wahrscheinlichste
oder der nahe liegendste Grund. Wie kann Leid, das einen
Menschen mit seiner Erbarmungslosigkeit, mit seiner Uner-
bittlichkeit zerstören kann, das am besten geeignete Sprung-
brett ins Vertrauen sein? Würde es nicht eher Sinn ergeben,
dass positive Erfahrungen zu Vertrauen führen? Stattdessen
sagt die Lehre, dass schweres Leid, sogar die Nacht der Verzweiflung, in der alles Vertrauen verloren ist, das Mittel sein
kann, mit dessen Hilfe wir beim Vertrauen ankommen können, unverhüllt und erneuert.

Meine eigene Begegnung mit der Verzweiflung – eingebet-
tet in die liebliche, angenehme Umgebung des Klosters in Australien, in dem ich meditierte – zwang mich dazu, mein tiefstes
Vertrauen zu entdecken. Während einer Meditationssitzung
am frühen Morgen saß ich friedlich da, beobachtete meinen
Atem, spürte, wie sich die Empfindungen durch meinen ganzen Körper bewegten, beobachtete den trägen Strom der Gedanken, die in meinem Geist kamen und gingen. Völlig unvor-
bereitet drehte sich auf einmal alles um. Ich hatte nie die Umstände vergessen, unter denen meine Mutter starb, aber mit einer Plötzlichkeit, die keine Möglichkeit zur Flucht ließ, war ich
wieder mitten in dieser Situation und durchlebte noch einmal,
was an jenem Abend geschah, als ich neun Jahre alt war und
meine Mutter zu bluten begann. Mein Herz pochte und mein
Atem stockte in meiner Kehle, während die Erinnerung meinen Körperzellen entstieg – lebendig und verzehrend.

Das war mehr, als ich im Meditationsraum sitzend bewälti-
gen konnte. Ich stand auf und ging zurück in mein Zimmer.
Schwitzend legte ich mich aufs Bett, zu betäubt, um zu weinen,
kaum in der Lage zu atmen. Das Anschwellen des Kummers,

der einst mein Herz versiegelt hatte, hielt mich wieder fest in seiner Umklammerung. Ohne Orientierung fand ich mich auf dem Terrain des Leidens, ein flaches, konturloses Land, in dem keine Veränderungen möglich scheinen. Den Tod meiner Mutter im Nacken, sah ich zu, wie die Welt verschwamm und erkaltete. Die Verweiflung vollkommener Einsamkeit, die Qualen und die Verlassenheit meiner Kindheit durchdrangen noch einmal die Zeit und vernichteten den Raum.

Ich versuchte mich aufzumuntern: „Hey, du bist jetzt erwachsen, und was da gerade läuft, hat nichts mehr mit dir zu tun." Ich versuchte gegen meine Schuldgefühle, meine Mutter nicht gerettet zu haben, mit rationalen Argumenten anzugehen: „Du warst ein neunjähriges Kind, du hast alles so gut gemacht wie du konntest." Ich versuchte, meine Gefühle zu manipulieren: „So schlimm ist es nun auch wieder nicht, reiß dich zusammen." Verdrossen überlegte ich: „Warum passiert mir das? Ich habe so hart gearbeitet. Das ist alter Kram."

Irgendetwas zerriss in meinem Inneren und ich fühlte mich abgetrennt von der Person, die ich geworden zu sein glaubte, und abgetrennt von denen, die mich umgaben. Ich hatte Freunde in dem Retreat, aber als ich an sie dachte, schienen sie mir doch ein wenig arrogant und selbstzufrieden, ein bisschen zu selbstgefällig in ihren niedlichen spirituellen Bestrebungen und in der Konfrontation mit ihren rührenden Problemchen. Ich hatte einen Lehrer, den ich achtete, aber während ich hilflos beobachtete, wie meine Verbindung zu ihm zerfaserte, löste sich mein Gefühl, einer Gemeinschaft anzugehören, auf. Dante schrieb: „Da ich den geraden Weg verlassen hatte, fand ich mich allein im dunklen Gehölz." In einer Kultur, die dazu neigt, Leid zu verdrängen, hatte ich mich immer wieder allein gefühlt, wenn ich Verlust oder Schmerz erfahren hatte. Leiden implizierte, dass ich etwas falsch gemacht hatte, dass ich mit meinem Leben nicht richtig umgegangen war. Hier nun, am Boden, fühlte ich mich vollkommen leer und verloren.

Inmitten meines Abgrunds erinnerte ich mich daran, dass ich einen Gesprächstermin mit U Pandita vereinbart hatte. Ich öffnete meine Augen und bemerkte, dass es schon fast an der Zeit war zu gehen. Automatisch zog ich meine Schuhe an und ging los, um ihn zu treffen. Außerhalb der Mauern meines Zimmers blickte ich mich um und sah in die ursprüngliche, elementare Landschaft. Der Himmel war eine dickflüssige Kuppel von sattem Blau. Das harte, klare, subäquatoriale Sonnenlicht schlug die sich abzeichnenden Eukalyptusbäume und die Klostergebäude in ein scharfes Relief. Selbst die Schatten traten hervor – wo es Licht gab, da war Licht, und wo es keines gab, da herrschte die Dunkelheit.

Ich ging in U Panditas Zimmer, das dem meinen recht ähnlich war – ein höhlenartiger Raum mit ein paar schweren Möbelstücken und einem abgenutzten Teppich. Es hatte malerisch gewirkt; jetzt empfand ich, dass es jeder Behaglichkeit entbehrte. Nach asiatischem Brauch verbeugte ich mich drei Mal und dann, als ich mich hingesetzt hatte, begann ich ihm zögerlich von meiner Erfahrung zu berichten. Ein solch allumschließender Schmerz war nicht das, womit ich für dieses Retreat gerechnet hatte, und es war ganz und gar nicht das, was in meinen Augen nach so vielen Jahren der Meditationspraxis geschehen sollte. Verlegen erzählte ich ihm, dass ich vom quälenden Schmerz zu einer seltsamen Taubheit übergegangen war. Er hörte mir aufmerksam zu, sah mich ruhig an und sagte einfach: „Achte auf deinen Schmerz."

Was er vorschlug, war die Essenz dessen, was ich über Jahre geübt hatte. Achtsamkeit ist eine bestimmte Meditationstechnik, die darauf beruht, sich der Geschehnisse bewusst zu sein, ohne sich an ihnen festzuklammern, ohne sie wegzudrücken oder sich von ihrer Eigenart verwirren zu lassen (zum Beispiel nicht zu denken, dass der Schmerz, die Freude oder die Gedanken für immer anhalten werden). Leidenschaftslos nahm ich auf, was er sagte, dankte ihm, verbeugte mich und ging.

Immer noch betäubt verzog ich mich in mein Zimmer, um ein weiteres Mal diese mir so vertraute Technik anzuwenden. Aber ich war zu verstört, um sie gut anwenden zu können. Stattdessen ertappte ich meinen Geist dabei, wie er sie manipulierte, mit fast kalter Berechnung: „Wenn ich auf meinen Schmerz achte, werde ich ihn nicht mehr so stark spüren und er wird schneller vergehen." Es war ein Versuch, das Leiden unter meine Herrschaft zu bekommen, das Gefühl zu erlangen, alles unter Kontrolle zu haben, den Bedingungen einen Zeitrahmen zu stecken, innerhalb dessen ich zurückkehren wollte zu dem, was ich mir von dem Retreat erwartet hatte. Ich praktizierte nicht wirklich Achtsamkeit; ich verhandelte mit meiner Erfahrung, um die zwingende Kraft ihrer schmerzhaften Wahrheit abzumildern.

In einer heimlichen Anstrengung, dies alles verschwinden zu lassen, probierte ich über mehrere leidvolle Tage hinweg verschiedene Methoden aus. Ich versuchte, die klassische Zufluchtsformel zu rezitieren, so wie ich es seit meinem ersten Retreat in Bodhgaya jeden Tag getan hatte: „Ich nehme Zuflucht zum Buddha; ich nehme Zuflucht zum Dharma; ich nehme Zuflucht zum Sangha." Jahrelang war mir das Herz aufgegangen, wenn ich mir die Vision des Buddha vergegenwärtigte

als ein Beispiel dafür, was ein Mensch verwirklichen kann, die
Vision des Dharma als eine Verpflichtung gegenüber der Wahrheit und die Vision des Sangha, der die Erinnerung an die Gemeinschaft aufrechterhielt. Nun erschien mir die Rezitation
verlogen, egal wie oft ich sie sprach oder wieviel Leidenschaft
ich hineinzulegen versuchte. Die Tatsache, dass ich die Rezitation als eine Keule schwang, um mein Leiden zurückzuschla-
gen, zerstreute meine Aufmerksamkeit.

Ich versuchte Metta zu praktizieren, die Meditation, mit der
ich mich so gut auskannte, indem ich vor allem mir selbst Liebe
und Mitgefühl entgegenbrachte, aber ich empfand weder Liebe
noch Mitgefühl, während ich wiederholte: „Mögest du glücklich sein, mögest du Frieden haben, mögest zu befreit werden." Die Peitschenhiebe meiner Scham, meiner Schuld und
meines Zorns, die mein Herz an einen untröstlichen Schmerz
gefesselt hatten, blockierten jedes Gefühl dafür, dass ich es
vielleicht tatsächlich verdient haben könnte, glücklich zu sein.

All meine unerbittlichen Versuche, meine Lage zu verbessern oder die Situation voranzubringen, scheiterten. Unfähig,
auf mein Vertrauen zurückzugreifen, saß ich zusammenge-
krümmt da. Die Verzweiflung setzte sich in meiner Magengrube
fest. Alles, was ich über Veränderung, Möglichkeit und Offenheit gelernt hatte, war verschwunden, fühlte sich leer an, un-
erreichbar.

Meine spirituelle Praxis hatte mir immer und immer wieder
gezeigt, dass der Schmerz sich nur verschlimmerte, wenn ich
vor der Angst zurückschreckte, wenn ich mich distanzierte.
Dennoch wagte ich es nicht, meinem Leiden direkt gegen-
überzutreten. Ich war erschöpft. Ich wünschte, mir fiele ein
leichterer Weg ein. Ich wusste, dass ich mich von meinem Lei-

den abzutrennen versuchte. Hindurchzugehen, um die Gebrochenheit, die es offenbarte, zu heilen, war mehr, als in meinen Kräften stand.

Eines Abends setzte ich mich noch zu später Stunde in den Garten. Der Himmel schien zu nah, er drückte auf mich herunter und war von Sternen übersät, die ... falsch aussahen. Der Große Wagen, die Konstellation, die mir am vertrautesten ist, war nirgendwo zu finden. Stattdessen beherrschte hier, in der südlichen Hemisphäre, des Kreuz des Südens die Nacht. Wie sollte ich jemals wieder meinen Weg nach Hause finden? In meinen jungen Jahren hatte ich meine Familie verloren; jetzt hatte ich auch noch meinen Halt auf dem Pfad verloren, der mein Leben gerettet hatte. Ich hatte meinen sicheren Fixpunkt in der Welt verloren. Ich war auf mich gestellt, unglücklich und einsam zurückgelassen unter einem zu nahen, fremden Himmel.

Eine Erinnerung an Dipa-Ma stieg in mir hoch. Sie wusste mit Sicherheit, wie es war, seelische Qualen zu erleiden. Innerhalb von zehn Jahren starben zwei von ihren drei Kindern, eines bei der Geburt und eines nach wenigen Lebensmonaten. Ihr Mann, den sie sehr liebte, war eines Tages von der Arbeit nach Hause gekommen und hatte sich nicht wohl gefühlt. Bei Einbruch der Dunkelheit war er tot. Das Leiden überwältigte Dipa-Ma derart, dass sie nicht imstande war, das Bett zu verlassen, sie konnte nicht essen, sich nicht um ihr überlebendes Kind kümmern. Ihr Arzt suchte sie auf und warnte sie, dass sie tatsächlich an gebrochenem Herzen sterben könnte, wenn sie nichts gegen ihren geistigen Zustand unternehmen würde. „Gehen Sie und lernen Sie zu meditieren", riet ihr.

Als sie das erste Mal zum Tempel ging, war sie so schwach, dass sie die Stufen hinaufkriechen musste, um mit ihrer Meditationspraxis zu beginnen. Dipa-Mas Praxis ermöglichte es ihr, die Versatzstücke ihrer Erfahrung in einer Weise zusammenzusetzen, die ihr Leben völlig veränderten. Ihr Schmerz öffnete sie so für ein immenses Mitgefühl, anstatt sie ihrer Trauer preiszugeben. Tief in ihrem Inneren und sogar in ihrem Leiden fand sie eine Kraft der Liebe, die nicht weniger werden würde, was auch immer geschah. Als ich mich 1974 bereitmachte, Indien zu verlassen, ging ich zu Dipa-Ma, um ihren Segen zu empfangen. Plötzlich, inmitten unseres Gesprächs, sagte sie zu mir: „Wenn du nach Amerika gehst, solltest du Meditation unterrichten." Ich war verblüfft und protestierte sogleich: „Nein, das kann ich nicht. Ich bin überhaupt nicht qualifiziert dafür." Sie lächelte mich geduldig an, so wie man ein Kind anlächelt, das die Pointe einer Geschichte nicht verstanden hat, und antwortete: „Ja, du solltest unterrichten. Du verstehst wirklich das Leiden. Deswegen bist du für das Unterrichten qualifiziert." Der Gedanke, dass das Unglück meiner früheren Jahre dazu dienen könnte, meine Fähigkeiten zu bestimmen, schien sehr merkwürdig. Sie hatte nicht gesagt: „Du hast ein volles Verständnis der buddhistischen Kosmologie und all ihrer theoretischen Anwendungen, deswegen solltest du unterrichten." Stattdessen war ihr Kriterium die Kraft, sich durch große Seelenqualen hindurchzubewegen und anstatt davon zerstört zu werden, zu größerem Vertrauen vorzustoßen – Vertrauen in das eigene Ich, Vertrauen in die Kraft der Liebe, Vertrauen in die Bewegungen des Lebens selbst.

Bei Dipa-Mas erstem Besuch in den Vereinigten Staaten saßen wir gemeinsam unter einem sternenklaren Himmel. Begierig versuchte sie, irgendwelche Unterschiede zu den Himmelsansichten in Indien auszumachen. Obwohl ihre Vergangenheit mit dem Tod ihrer Kinder und ihres Mannes sie so einsam zurückgelassen hatte, war sie aus der Tragödie lebendig herausgekommen und hatte sich den neuen Erfahrungen des Lebens geöffnet. Durch Vertrauen und Liebe hatte sich Dipa-Ma authentischer als je zuvor wiedergefunden, selbst in dem Schmelztiegel ihrer Qual. Als ich jetzt dort allein unter dem Kreuz des Südens saß, dachte ich, wenn solch extremes Leid als unmittelbare Ursache für Vertrauen dienen konnte, dann musste auch das Leid meiner eigenen Verzweiflung einen Lichtstrahl zwischen die Schatten der Dunkelheit werfen. Ich erinnerte mich daran, dass der Weg aus dem Schmerz heraus durch den Schmerz hindurchging, und zitternd suchte ich nach dem Strahl. Ich begann, den Schimmer einer Richtung wahrzunehmen.

Manchmal ist Weitergehen das Einzige, was wir in der Dunkelheit tun können, selbst wenn die Straße steinig ist, uneben, verwirrend. Ein Freund nahm mich einmal mit zur Grace Cathedral in San Francisco, um durch das Labyrinth zu gehen. Als Nachbildung des mittelalterlichen Musters, das in den Boden der Kathedrale von Chartres in Frankreich eingesetzt ist, dient das Labyrinth als Unterstützung für Gebet und Kontemplation – ein spiritueller Gang. Das Muster bildet einen umständlichen Pfad ins Zentrum und wieder hinaus – der Weg hinein ist auch der Weg hinaus.

Ich beschritt den Pfad und begann fröhlich seinen Biegungen und Wendungen zu folgen. Ich konnte sehen, dass ich meinem Ziel – der Rosette im Zentrum – sehr nahe war, als ich bemerkte, dass mich der Weg auf seltsame Art wieder heraus an den Rand führte, von der Rosette weg und nicht zu ihr hin. Ratlos hielt ich inne und fragte mich, ob ich einen Fehler gemacht hatte. Aber da es nur einen Weg gab, dem man folgen konnte, ging ich weiter. Nachdem ich das Zentrum mehrere Male umrundet hatte – mich annähernd, mich entfernend, der Rosette sehr nahe und wieder zurück an die Peripherie –, fand ich mich auf einmal mitten im Zentrum. Ich hatte das Ziel erreicht, nicht indem ich genau gewusst hatte, wohin ich ging, sondern indem ich einfach weiterging.

In Australien, verloren in der Dunkelheit, wusste ich, dass es nur einen einzigen Weg nach Hause gab: den achtsamen Gang auf dem Pfad durch den Schmerz hindurch. Voller Angst, weil ich ahnte, dass ich viele Male daran zweifeln würde, ob dieser Weg an sein Ziel führte, musste ich dennoch die Chance ergreifen und weitergehen. Ich rief mir U Panitas Gleichmut in Erinnerung, mit dem er vorschlug: „Achte auf den Schmerz." Die ganze Zeit, während wir sprachen, hatte er dagesessen wie ein Berg – nicht wie ein Berg steinerner Gleichgültigkeit, sondern stark, würdevoll, ruhig. Es war nicht die angeeignete Haltung eines kultivierten Manierismus oder ein listiger Kunstgriff des Lehrers, sondern eine sanfte, stabile, strahlende Ruhe, die mit einem Übermaß an ebenso sanftem, stabilem und ausstrahlendem Vertrauen verschmolz. U Pandita hatte unerschütterliches Vertrauen, dass mich der Prozess, den ich durchwanderte, einer größeren Bewusstheit zuführte, und, was am wichtigsten war, er hatte unerschütterliches Vertrauen in meine Fähigkeit hindurchzugehen.

Ich erinnerte mich daran, wie vor Jahren jemand zu mir gekommen war, niedergeschlagen, in dem Gefühl, seinem Unglück vollständig ausgeliefert zu sein, unfähig, sich davon zu befreien. Elend hatte er zu mir gesagt: „Ich habe mein Vertrauen verloren." Damals war ich diejenige gewesen, die bei diesem Prozess mit unerschütterlichem Vertrauen dasaß. Voll Mitgefühl für sein Leiden hatte ich geantwortet: „Das ist in Ordnung. Ich habe genug Vertrauen für uns beide." Sofort hatte er weniger verlassen ausgesehen. Jetzt war ich an der Reihe, mich auf das Vertrauen eines anderen zu verlassen, nachdem die Quelle meines eigenen Vertrauens versiegt war.

Achtsam zu sein in der Weise, die U Pandita mir empfahl, bedeutete, von meinem defensiven Verhaltensmuster abzulassen und meine Verletzlichkeit auf einer tieferen Ebene als je zuvor bloßzulegen. Ich musste endlich aufhören, gegen den Kummer und das Gefühl der Leere anzukämpfen oder sie mir zu verübeln. Aung San Suu Kyi, Führerin der demokratischen Bewegung in Birma, schrieb: „Es gibt das Dunkel in der Welt, aber es ist eine bloße Abwesenheit von Licht. Alle Dunkelheit der Welt kann nicht die kleinste Kerzenflamme auslöschen. Wir müssen uns nur an die dämmrige Sicht gewöhnen, dann wird der Segen des Lichtes wachsen." Sich an die dämmrige Sicht zu gewöhnen bedeutete in der Sprache der Achtsamkeit nicht, dem Dämmerlicht zu verfallen, sondern alle Schichten der Selbsttäuschung abzustreifen, sodass ich wirklich sehen konnte, was da war.

Wenn wir unseren Schmerz, ob geistigen oder körperlichen, als ein einzelnes, massives, gigantisches Wesen betrachten, unerbittlich und bedrückend, ist er fast nicht auszuhalten. Gegen einen gefestigten Feind ankämpfend, fühlen wir uns überwältigt, hilflos, ausgeliefert. Aber wenn wir darauf achten können, was genau geschieht, beginnen wir zu sehen, dass alles, was wir erfahren, aus vielen, sich ständig verändernden Elementen besteht. Anstatt den Schmerz als statisch und fest anzusehen, beginnen wir, seine Einzelteile zu entdecken. Körperlicher Schmerz kann aus einem brennenden, hämmernden Druck bestehen. Emotionaler Schmerz, wie zum Beispiel Zorn, kann sich aus Angst, Hoffnungslosigkeit und Frustration zusammensetzen. Zu lernen, so mit dem Schmerz umzugehen, „würden wir ‚einen Akkord zerlegen' nennen", sagte einmal ein Musikwissenschaftler. Die Erfahrung mag schwierig bleiben, aber wenn wir den Akkord unseres Schmerzes zerlegen, so wird der Schmerz zu einem lebendigen System, das sich bewegt und verändert. So wie die Welt atmet, atmet auch der Schmerz. Er atmet ein, und er atmet aus, und zwischen den Phasen ist Raum. Anstatt uns angesichts einer Mauer aus Schmerz überwältigt und hilflos zu fühlen, können wir in diesem rhythmischen Wechsel Hoffnung und Erleichterung finden.

In den nächsten Tagen wiegte ich mich stundenlang vor und zurück, mich erinnernd und weinend. Indem ich begann, den Leidensklumpen in meinem Magen zu erkunden, den Akkord achtsam zu zerlegen, fand ich Töne der Angst und des Kummers und der Einsamkeit. Ich fand Traurigkeit und Groll und eine gewaltige Menge Schuld. Ich fand auch Spuren von Raum dazwischen. Indem ich jeden dieser Zustände zuließ, wurde mein Körper weniger steif, mein Panzer der Verzweiflung begann weicher zu werden. Die Welt wurde ein wenig größer als mein Leiden.

Zum ersten Mal in einem Zeitraum, der sich wie Wochen anfühlte, ging ich nach draußen, um spazieren zu gehen. Im Garten gingen verschiedene andere Meditierende schweigend umher. Obwohl ich in diesem Retreat nur die besondere Geschichte einiger weniger kannte, hatte ich in diesem Moment die Gewissheit, dass sich der Schmerz wie ein Band durch das Leben jedes Einzelnen zog, den ich hier sah, sei es als leichtes Unwohlsein oder als ernsthaftes Leid, sei es als akute Traurigkeit oder als potentieller Kummer.

Ich hatte massenhaft Leiden gesehen, als die Leute mir ihr Herz und ihr Leben öffneten. Bereits in meinen allerersten Monaten des Unterrichtens, als eine Frau zu einem Einzelgespräch über Meditation zu mir kam und mir erzählte, dass ihre Eltern sie als Kind in die Dusche gehängt und geschlagen hatten, entpuppte sich meine Laufbahn als eine Zeugenschaft des Leidens: physischer und sexueller Missbrauch, Betrug, Krankheit, Depression, Einsamkeit, bedrückende Beziehungen, bedrückende Geheimnisse, erschöpfende moralische Dilemmas. Dipa-Ma hatte Recht gehabt, als sie mir sagte, dass mein Wissen über das Leiden eine gute Qualifikation für ein Leben des Lehrens sein würde. Und zu wissen, dass ich nicht allein war mit meinem Leid, war eine gute Qualifikation für ein Leben in der Übung.

Während ich umgeben von jenen anderen auf dem Pfad umherging, dachte ich an die Geschichte von Kisa Gautami, die zur Zeit des Buddha gelebt hatte. Wie viele Frauen damals in Indien war Kisa Gautami in eine arrangierte Ehe gezwungen worden, aber sie wurde von der Familie ihres Mannes nicht gut behandelt. Als sie endlich einen Sohn gebar, stieg ihr Status in der Familie erheblich. Aber kurze Zeit später starb ihr Baby. Kisa Gautami wurde buchstäblich wahnsinnig vor Kummer. Den Körper ihres toten Kindes im Arm, lief sie durch die Straßen und bat einen Heiligen nach dem anderen, ihr Kind wieder zum Leben zu erwecken. Schließlich kam sie zum Buddha und flehte ihn an, ihr das Baby zurückzugeben.

Der Buddha war damit einverstanden, ihr Kind wieder ins Leben zurückzuholen – unter einer Bedingung: „Du musst ein Senfkorn aus einem Haus bringen, in dem es keinen Tod gegeben hat." Und so begann Kisa Gautami ihre Suche, den Körper ihres Kindes noch immer mit sich tragend. Sie ging von Haus zu Haus und bat um ein Senfkorn. Als die Bewohner sich von der Tür abwandten, um auf ihre seltsame Bitte hin ein Korn zu holen, sagte Kisa Gautami zu ihnen: „Warte einen Moment. Ist jemand in deiner Familie gestorben? Das Senfkorn muss aus einem Haus stammen, in dem es keinen Tod gegeben hat." Die Antwort war jedes Mal dieselbe: „Das ist unmöglich. Hier bestimmt nicht." Während sie weiterging und immer und immer wieder dieselbe Antwort hörte, ging in Kisa Gautami eine Veränderung vor sich. Sie fühlte sich nicht länger so allein und isoliert in ihrem Kummer. Sie kehrte zurück nach Hause, um ihr Kind zu begraben, dann schloss sie sich dem Buddha an, um Nonne zu werden. Es heißt, dass sie nach einiger Zeit der Praxis vollkommen erleuchtet wurde. Was ist es, das Kisa Gautamis Geist wieder ins Gleichgewicht brachte? Was ermöglichte ihr, sich von einem Zustand, in dem der Kummer sie fast vernichtet hatte, zu einem Ort der Gefasstheit und des Friedens zu bewegen? Ihr Sohn erwachte nicht von den Toten; das, wonach sie sich verzehrte, traf nicht ein. Was sie aber zu erkennen begann war, dass sie nicht allein war in ihrem Leiden, dass in der Natur der Dinge lag, was ihr widerfuhr. Und das hat nichts zu tun mit der Vorstellung: „Gleich und gleich gesellt sich gern." Indem sie sah, dass jedes Wesen ohne Ausnahme Verlust und Tod erfährt, schloss sie sich wieder dem Ganzen an. Sie wurde Teil eines natürlichen Gesetzes, anstatt sich davon getrennt zu fühlen, und dies befreite ihr Herz, sodass sie Mitgefühl mit sich selbst und für alle Wesen entwickeln konnte.

Wenn ich sehr leide, errichte ich meinem Schmerz manchmal heimlich ein Denkmal, indem ich aus meiner Isolation heraus an ihm festhalte, so als wäre ich wirklich sehr besonders in meinem Leiden. Auch wenn vieles, worauf ich mich früher verlassen habe, weggefallen ist, muss ich feststellen, dass ich an dieser Besonderheit festzuhalten versuche. In meiner Verzweiflung hatte ich genau das getan. Jetzt aber erinnerte ich mich an den Zustand der Verbundenheit, so fundamental und umschließend, so selbstverständlich wie der Sonnenaufgang am nächsten Morgen. Und obwohl ich eine solche Verbundenheit im Augenblick nicht greifen konnte, formulierte ich einen innigen Wunsch: Ich wollte dieses Verbundenheitsgefühl in mir wiederbeleben, mein Vertrauen in seine Sinnhaftigkeit neu entdecken und die Befreiung meines Geistes zum Wohle aller Wesen anstreben.

Einige Tage später ging ich auf einen Spaziergang hinaus in die Umgebung des Klosters, in den so genannten „Busch". Australien gehört zu den ältesten, trockensten und flachsten Kontinenten und sein Klima ist außerordentlich aggressiv. Trotzdem wimmelt es dort von Leben – es bricht sich Bahn, wuchert durch Hindernisse und bringt unerschöpflich neue, widerstandsfähige Formen hervor. Achtzig Prozent der Pflanzen und Tiere, die in Australien leben, leben nirgendwo anders.

Der Boden in der Umgebung des Klosters war größtenteils Sandstein, der der Erde unter meinen Füßen einen kostbaren

goldenen Schimmer verlieh. Die Gerberakazien standen in
Blüte, feine Haare, ähnlich dem Flaum von Pusteblumen, be-
deckten ganze Büsche in verblüffenden Gelbschattierungen –
sie erinnerten an Safran, Sahne, Flachs, Weizen, Bernstein.
Dieselben Farben schienen unter den zahlreichen Wildblumen
vorzuherrschen. Ich benannte die Farbtöne für mich selbst,
während ich durch sie hindurchging – Blond, Kanarienvogel-
gelb, Buttertoffee und Ocker, Zitrone und Senf und ein leuch-
tendes Neongelb, genau wie ein New Yorker Taxi. Es war, als
ob die Sonne unter mir scheinen würde und von allen Seiten
aus strahlte. Von reflektiertem Licht umgeben, rief ich mir die
Worte aus U Panditas Vortrag in Erinnerung, den er am Abend
zuvor gehalten hatte. Er zitierte den Buddha: „Der Geist wird
mit Qualitäten wie Achtsamkeit oder liebendem Mitgefühl nach
und nach aufgefüllt – gerade so, wie ein Eimer Tropfen für
Tropfen gefüllt wird." Als ich um mich herum schaute, konnte
ich sehen, dass das Wunder dieses Feldes aus zahllosen kleinen Blüten geschaffen war, die zu einem lebendigen Ganzen
verschmolzen. Dies gab mir die Sicherheit, dass sich die Achtsamkeit, die so schwer zu erreichen schien, Schritt für Schritt
zu ähnlicher Lebendigkeit und Ganzheit aufbauen und wachsen würde.

Ich hatte gewollt, dass mein Schmerz verschwindet. Ich wollte die Einschnürung der Angst in meiner Kehle, die Traurigkeit eines Kindes, das ganz allein in der Welt ist, nicht spüren.
Aber die Verwandlung, die ich suchte, lag nicht in dem, was mit
dem Schmerz geschah; ich musste sehen, was in mir selbst geschah in Bezug zu meinem Schmerz. Ich würde die Verwandlung finden, wenn ich mich öffnete, nicht indem ich mich verschloss, im Mitgefühl für mich selbst, und nicht in der Selbst-

verachtung. Ich würde sie finden, wenn ich mich verband mit dem ungezähmten Überlebenstrieb, den ich überall um mich herum in der goldenen Explosion des Lebens entdeckte. Alles, was ich tun konnte, war, mit der Erfahrung umzugehen, mit der ich konfrontiert wurde, gleich welcher Art sie war – dem Eimer einen Tropfen hinzufügen, einen zusätzlichen Augenblick der Achtsamkeit, der Umwandlung meiner Beziehung zum Leiden. Indem ich dies realisierte, ließ ich los von meiner ungeduldigen Erwartung und trat aus der despotischen Herrschaft der Zeit heraus. Und machte weiter mit meiner Übung.

Vertrauen begann zu wachsen und sagte mir, dass eine Heilung stattfinden würde, wenn ich mein Herz und meinen Geist nur weit genug öffnete, um das Leiden aufzunehmen – nicht weil Leid selbst erlösend oder heilsam wäre, sondern weil ich durch die Begegnung mit dem Leid lernte, mich zu öffnen. Eine der Bedeutungen von „saddha", dem Paliwort für Vertrauen, ist Gastfreundschaft. Bei Vertrauen geht es darum, sich zu öffnen und selbst für die schmerzhaftesten Erfahrungen Raum zu schaffen, diejenigen, bei denen wir „den Akkord" unseres Leidens „zerlegen", um Töne des Entsetzens, der Verlassenheit und der bohrenden Angst zu entdecken. Wenn ich dazu bereit sein könnte, Raum zu schaffen für meine schmerzhafte Taubheit und für den Strom meines Kummers, den sie bedeckte, wäre ich in der Lage, sie zuzulassen und ihr sogar zu vertrauen: Das wäre ein Akt des Vertrauens.

Vielleicht kann so Leid zu Vertrauen führen. In Zeiten großer Anstrengung, wenn wir uns auf nichts mehr verlassen und uns nirgendwo hinwenden können, gerade dann kehren wir vielleicht zurück zu diesem besonderen Moment, dem Akt des Vertrauens. Und an diesem Punkt können wir uns für das

Mögliche öffnen, für die Bereitschaft abzuwarten, was uns begegnet, für Geduld, Bemühung, Kraft und Mut. Nach und nach können wir unseren Weg finden.

Den Aborigines in Australien zufolge geht jeder Fels, jeder Baum, jedes Element des Lebens in ihrer Welt auf eine ursprüngliche Traumwelt zurück, in der urzeitliche Ahnen sich selbst und die Welt ins Leben sangen. Diese Vorfahren, so wird erzählt, hinterließen eine Spur aus Worten und Noten über den Konturen ihrer Fußabdrücke, ähnlich einer Landkarte. Wenn man das Lied kennt, kann man immer seinen Weg finden. Auf ihren Buschgängen folgen die Aborigines ihren Liedfolgen, einem die Erde überziehenden Notengewebe, das sie leitet.

Eines Abends erwähnte U Pandita in seinem Vortrag, dass der buddhistischen Tradition zufolge der Klang der Stimme des Buddhas immer noch in der Welt ist, obwohl er vor 2500 Jahren gestorben ist. Mir wurde klar, dass dieser Klang meine Liedfolge war. Obwohl ich sie nicht mit meinen Ohren hören konnte, konnte ich sie mit meinem Herzen vernehmen. Sie brachte die Vier Edlen Wahrheiten stimmvoll zum Ausdruck, sie sang von Mitgefühl, von Freiheit, von dem Sinn, den ich darin sah, lebendig zu sein. Ich konnte ihren Klang wieder hören, entfernt, aber deutlich.

Erneut versuchte ich, die dreifache Zuflucht zu nehmen und stellte fest, dass ich nicht in einem Echo der Leere zurückblieb, solange ich keine überzogenen Erwarungen an die Praxis stellte. Ich bestand nicht auf einem Ende meines Schmerzes, als ich rezitierte: „Ich nehme Zuflucht zum Buddha; ich nehme Zuflucht zum Dharma; ich nehme Zuflucht zum Sangha." Stattdessen sagte ich es ohne heimliche Forderung, ließ Raum, um den Akkorden und Klängen meiner eigenen Abstammung, meiner Mythologie und meinen Träumen zu lauschen. Ich erinnerte mich an den Traum vom Vertrauen.

Rilke schrieb: „Da dürfen Sie ... nicht erschrecken, wenn eine Traurigkeit vor Ihnen sich aufhebt, so groß, wie Sie noch keine gesehen haben; wenn eine Unruhe, wie Licht und Wolkenschatten, über Ihre Hände geht und über all Ihr Tun. Sie müssen denken, ... dass das Leben Sie nicht vergessen hat." Die meisten Menschen können selbst in einem verzweifelten Zustand noch einen flüchtigen Blick auf die dem Leben innewohnende Natur werfen, auf die Tatsache, dass sie nicht vergessen oder verlassen wurden. Obwohl uns dies vielleicht offenbart wird, mögen wir dem, was wir sehen, misstrauen. Manchmal ist das Erkennen so zart wie die Erleichterung eines Seufzers; ein anderes Mal ist es so gewaltig und dramatisch, wie es für mich in Australien war.

Eines Nachmittags ging ich die Treppenstufen zu meinem Zimmer hinauf, wie ich es unzählige Mal zuvor getan hatte, und bemerkte kaum noch die abgewetzte Ausstattung und die schmuddeligen Wandleuchter. Ich übte, auf meine Schritte zu achten, als mit einem Mal etwas in mir aufstieg, was ich nur als einen unermesslichen Sinn für die Gegenwärtigkeit bezeichnen kann. Damit verbunden war ein Gefühl der Erleichterung, der Freude und der Liebe. Ich fühlte mich wie ein Kind, das vom Vater oder der Mutter zärtlich in die Luft geworfen wird, deren liebende Arme darauf warteten, mich sicher wieder aufzufangen von meinem Ausflug in die Freiheit.

Ich weiß nicht, warum ausgerechnet er, aber das Bild des zeitgenössischen indischen Heiligen Maharaji Neem Karoli

Baba trat vor meinen Geist als ein Bote dieser ursprünglichen Liebe. Ein Freund von mir, der ihn getroffen hatte, erzählte mir: „Er hatte soviel Weite, dass er, wie weit ich mich auch entfernte, immer da war." Genauso fühlte sich diese Gegenwärtigkeit an. Mit einer plötzlichen Überzeugung wusste ich, dass das Leben immer da sein würde, wie tief greifend meine Verzweiflung auch sein mochte, und seine Essenz war diese Einschließlichkeit, die ich als Liebe empfand; sie war groß genug, um jeden erdenklichen Kummer und jede Gebrochenheit aufzunehmen. Ich stand in dem Treppengang mit seinen schäbigen Tapeten, verschlissenen Teppichen und seinem trüben Licht und war ergriffen von Vertrauen in die enorme Bedeutung des Lebens.

Mitgefühl stieg in mir hoch, eine zärtliche Anteilnahme an all jenen, die dieser Einschließlichkeit so greifbar nah sind und sich meist dennoch so einsam fühlen. Ich merkte, wie ich spontan für alle Wesen Metta praktizierte. Plötzlich trat das Bild meiner Mutter vor meinen Geist. Zum ersten Mal verstand ich, dass ihr Leben und ihr Tod wirklich *ihre* Geschichte waren, nicht meine. Sie waren Teil meiner Geschichte, aber nicht der vorrangige Teil. Ich betete für meine Mutter, wo sie auch sein mochte, in welcher Lebensform auch immer, dass sie glücklich, voll Frieden und frei von Leiden sein möge, dass sie in diesem Augenblick so gesegnet sein möge wie ich es war, gehalten in der großzügigen Umarmung des Vertrauens.

Ist es notwendig, auf dem spirituellen Weg durch Verzweiflung hindurchzugehen, die sprichwörtliche schwarze Nacht der Seele zu erleiden, um sein Vertrauen zu vertiefen? Ich weiß darauf keine Antwort – aber ich weiß, dass wir die gewohnte irreführende, ungesunde Art, uns mit Abneigung und Herabsetzung zu begegnen, abstreifen müssen. Und ich weiß, dass wir viele Dinge loslassen müssen. Wir müssen Verlust erleben und uns von dem Druck befreien, den die Welt auf uns ausübt, damit wir unseren Schmerz verdrängen. Erst dann können wir sehen, was wirklich wichtig ist in unserem Leben. Ich weiß, dass unerträgliches Leid manchmal zu einem Teil unseres Weges wird, weil es manchmal ein Teil unseres Lebens selbst ist. Solcher Schmerz brennt die Oberflächlichkeit weg, direkt bis auf das Mark unseres Wesens. Ich war auf die Knie gezwungen worden, mein allzu heftig verteidigtes Herz war aufgebrochen, und ich begriff, dass das Leiden tatsächlich die unmittelbare Ursache für Vertrauen sein kann. Ich beobachtete, wie die Masken fielen, die ich benutzt hatte, um meinen Schmerz zu verstecken, und die Grenzen meiner Isolation, die mich daran gehindert hatten, mich tiefer mit anderen und mit der Ganzheit zu verbinden, lösten sich auf.

Wäre ich auch ohne die dramatische Erfahrung im Treppengang zu größerem Vertrauen gelangt? Ich denke schon. Ich glaube, dass alle Elemente meiner Übung dasselbe Ziel und dieselbe Richtung hatten. Meine Gemeinsamkeit mit anderen zu sehen, auf mein Vertrauen zu meinem Lehrer zu bauen und auf sein Vertrauen zu mir, mich der Wahrheit meiner Erfahrung nach und nach zu öffnen und die Bestandteile meines Leidens erkennen zu können, all dies führte mich zu derselben Tiefe von Verständnis und Ergebung.

Sind diese Elemente, einzeln oder vereint, in jedem Fall ausreichend, um sich vertrauensvoll aus seiner Verzweiflung zu erheben? Nicht immer. Der Pfad ist nicht für jeden derselbe. Ich weiß, dass viele Leute auf eine biochemische Komponente stoßen, wenn sie „den Akkord ihres Leidens zerlegen". Wenn Depression ein echter Bestandteil der Erfahrung eines Menschen ist, verlangt es das Mitgefühl, dass man sie als medizinischen Fall behandelt. Vielleicht gehört zu der höheren Wahrheit, die wir akzeptieren müssen, dass eine medikamentöse Behandlung der Weg ist, um die Fesseln der Verzweiflung zu lockern. Vielleicht entsteht nur so genügend Raum, damit sich ein Funken von Vertrauen zeigen kann. Erwacht nur diese Winzigkeit von Vertrauen, haben die betreffenden Menschen möglicherweise genug Energie, weitere Hilfe anzunehmen, Unterstützung zu akzeptieren und zu beginnen oder neu zu beginnen, den Pfad zur Befreiung zu betreten.

Ich weiß, dass die Dinge manchmal so schlimm stehen, dass es gleichgültig ist, welche Praxis wir üben oder welche Medikamente wir nehmen – es scheint, dass wir nicht einmal diese kleine Menge an Vertrauen aufbringen können, die wir benötigen, um unsere Inspiration am Leben zu erhalten. Dann, wenn wir es schaffen, für eine Weile in unserem Schmerz zu verharren und zu warten, können wir ihn mit der Zeit vielleicht als einen Weg zu den innersten Elementen unseres Selbst betrachten, und dann als einen Weg zurück in die Welt, als die Möglichkeit für neue Einsichten in das, was wir sind und wie sehr wir für uns und füreinander sorgen müssen. Wenn wir im Augenblick nichts anderes tun können als warten, dann, so T. S. Eliot, „liegt das Vertrauen im Warten". Auch wenn wir nichts anderes tun können als warten, mögen wir dennoch mit derselben Einsicht aus der Verzweiflung hervorgehen, die der Zenmeister Suzuki Roshi zum Ausdruck brachte: „Manchmal reicht es, einfach lebendig zu sein."

KAPITEL 6

Tatkräftiges Vertrauen

Angesichts all der erschütternden Ereignisse in der Welt können wir allzu leicht in Verzweiflung und Resignation verfallen, uns selbst klein und unbedeutend fühlen, unfähig, irgendetwas Hilfreiches zu tun.

Als ich einmal mit einer Freundin, einer Afroamerikanerin, unterwegs war, musste ich hilflos mitansehen, wie sich eine schmerzliche Szene abspielte: Als sie sich einem Sandwichverkäufer näherte, um eine Bestellung aufzugeben, sah ich, wie sich sein Gesicht verschloss. Das Gesicht meiner Freundin nahm einen vorsichtig gefassten Zug an, ihre Stimme wurde leise, während sie sich in eine Aura der Unsichtbarkeit hüllte, so als ob sie ihn nicht stören wollte. Ich erinnerte mich an eine Geschichte, die Jan Willis, eine Professorin an der Wesley-Universität, in ihrem Buch *Dreaming Me* erzählt. Darin geht es um eine Busreise Anfang der 1960er-Jahre, die sie von ihrem Zuhause in Alabama nach Ithaca, New York, unternommen hatte, um das College zu besuchen. Während dieser mehrtägigen Fahrt gab es nicht eine einzige Raststätte, wo sie sich als Afroamerikanerin hätte hinsetzen und zu Mittag essen können. Vierzig Jahre später, in Denver, stand ich betäubt da und fragte mich, welche Fortschritte bei dem Versuch, Vorurteile abzubauen, erzielt worden waren, wenn jemand sich eigentlich in Luft auflösen müsste, nur um ein Sandwich zu bekommen. Was um alles in der Welt konnte ich dazu beitragen, Veränderungen zu bewirken, wenn wir trotz der riesigen Arbeit, die von so vielen geleistet wurde, so etwas erleben mussten?

Wenn ich direkt mit dem Leiden konfrontiert werde, kann ich nichts dagegen tun, ich bin dann um Jahre zurückgeworfen, in die Zeit jener Morgenstunden, in denen ich auf den Straßen von Springfield, Massachusetts, herumlief und nach meinem Vater suchte oder auf einen Anruf der Polizei wartete, weil sie ihn irgendwo aufgegriffen hatten. Während der Phase seiner Behandlung, in der er in weniger restriktiven Einrichtungen wie „Betreutem Wohnen" oder in Pflegeheimen untergebracht war, riss er immer wieder aus. Wenn wir ihn fanden, wurde er wieder dem Krankenhaus überantwortet und alles begann von vorne. Die Mühle drehte und drehte sich, so lange bis er starb.

In Zeiten wie diesen, in denen das Leiden eines Menschen kein Ende zu nehmen scheint, wenn alles mehr ist, als wir ertragen können, verlieren wir manchmal das Vertrauen in unsere Fähigkeit, überhaupt etwas verändern zu können. Aber gerade in diesen Zeiten haben wir Vertrauen am meisten nötig. Wie können wir ein Vertrauen entwickeln, das uns in die Lage versetzt, allen Widrigkeiten zum Trotz positiv zu handeln? Worauf können wir unser Vertrauen setzen, das uns befähigt zu arbeiten, um etwas zu bewirken – besonders dann, wenn es den Anschein hat, dass, egal was wir auch tun, es ohnehin nicht genügt?

Wenn ich nach einer angespannten Nacht völlig erschöpft bin, wenn ich alles versucht habe, um jemandem zu helfen und ich von Frust und Kummer ausgelaugt bin, wenn das Leiden, dem ich begegne, mich in die Hoffnungslosigkeit hinabzuziehen droht, muss ich mich daran erinnern, was ich *nicht* sehe in diesem Bild des Leidens, vor dem ich stehe.

Zu meinem vierzigsten Geburtstag schenkte mir meine Freundin Carol ein kleines Bilderbuch. In der Mitte seines lebendig roten Einbands stand der kurze Titel – *Zoom* – und der Name des Autors; I. Banyai. Neugierig öffnete ich das Buch, und auf der ersten Seite sah ich ein abstraktes Bild von etwas Rotem und Gepunktetem. Die nächste Seite zeigte einen farbenfrohen Hahn, dessen Kamm das Bild gewesen war, das ich gerade gesehen hatte. *Dies ist ein Buch ohne Worte, und es handelt von einem Hahn*, sinnierte ich. *Wie sonderbar, dies als Geschenk zu erhalten, wenn ich vierzig werde und nicht vier.* Carol lächelte und drängte mich, weiterzumachen. Ich blätterte auf die nächste Seite und sah ein Bild mit Kindern, die durch das Fenster eines Hauses auf den Hahn schauen. *Oh*, dachte ich, *es ist kein Buch über einen Hahn; es geht um ein paar Kinder, die auf einem Bauernhof leben.*

Als ich weiterblätterte wurden die Kinder und das Haus immer kleiner, bis klar wurde, dass sie zu einem Spielzeugdorf gehörten, das von einem kleinen Mädchen aufgebaut wurde. *Oh, jetzt verstehe ich*, dachte ich. *Es ist ein Buch über ein Kind, und es ist die zentrale Figur in dieser Geschichte; die anderen Figuren waren nur ihre Spielzeuge.*

Eine Seite weiter entpuppte sich das Mädchen, das mit den Häusern spielte, als Bestandteil einer Illustration auf dem Einband eines Buches, das ein Junge in der Hand hielt. Und so ging es weiter. Während ich die Seiten wendete, kam ich von einem Schluss zum nächsten darüber, worum es in dem Buch *wirklich* ging. *Okay, jetzt hab ich's. Dies ist die Geschichte eines Jungen auf einem Ozeankreuzer, der ein Buch in der Hand hält mit einem Einband, auf dem ein Kind abgebildet ist, das mit einem Miniaturdorf spielt.* Aber als der komplette Ozean sich als ein Teil einer Reklametafel entpuppte, die auf der Seite eines Busses angebracht war, brach mein Zutrauen in meine Interpretationen in sich zusammen.

Der Bus stellte sich als Teil einer Szene auf einem Fernsehbildschirm heraus, auf den ein Cowboy in einer Wüste schaute, der sich wiederum als Illustration einer Briefmarke entpuppte, die auf einer Postkarte klebte, die sich in den Händen einer Gruppe von Leuten befand, die am Strand einer Insel standen. Bevor ich versuchen konnte, zu einem weiteren Schluss über das Thema des Buches zu gelangen, wurde die Insel auf der nächsten Seite von einem Piloten in einem kleinen Flugzeug gesehen. Einige Seiten später sah ich durch Wolkenfetzen hindurch die Erde, einen juwelgleichen Globus, der im grenzenlosen Raum schwebte, und schließlich einfach einen weißen Punkt in der Ferne. Sensibilisiert für die Unermesslichkeit der Perspektive schloss meine Sicht jedes einzelne Bild in einer riesigen Weite von Sichtweisen mit ein, ohne auf eines von ihnen begrenzt zu sein. Ich blickte zu Carol auf und sagte: „Ich fühle mich wie Gott!"

Das Leben ist viel größer als das, was wir in einem bestimmten Augenblick erleben. Wir müssen über den kleinen Ausschnitt, der direkt vor uns liegt, hinausschauen, wir dürfen nicht denken, dass dies alles ist, was es gibt; wir müssen unsere Schlussfolgerungen hinterfragen. Wenn wir nur das Leiden vor uns sehen und unsere eigenen Handlungen als Reaktion darauf, dann ist es kein Wunder, wenn wir zu dem Schluss gelangen, alles, was wir tun, sei unzulänglich. Wir mögen denken, dass das endgültige Ergebnis einer Sache, die wir getan haben, auf Seite vier bereits sichtbar ist, oder auf Seite sieben. Aber während wir eine Seite nach der anderen umblättern, treten wir aus unserer begrenzten Perspektive heraus und erkennen, dass da noch mehr kommt. Beides, das Leiden und unser Versuch, ihm zu begegnen, sind verwoben zu einem interaktiven Prozess, der komplex und dennoch unsichtbar ist, ein dynamischer Prozess, der auf Aktion und Reaktion beruht und längst nicht beschränkt ist auf uns und unsere spezielle Rolle.

Bei keiner Geschichte wissen wir letztlich, wie sie sich entwickeln wird; wir wissen in jedem Fall zu wenig, um einschätzen zu können, dass unsere Handlungen nutzlos sind. Wenn wir vor einer Kluft der Sinnlosigkeit stehen, ist es vor allem Vertrauen in diese erweiterte Perspektive, die uns dazu befähigt, weiterzugehen.

Diese Offenheit der Perspektive erhalten wir auch, wenn wir die Dinge, die vor uns liegen, genauer betrachten. Solange wir uns an der Oberfläche des Lebens bewegen, scheint alles und jedes als isolierte Einheit zu existieren. Aber wenn wir unter die Oberfläche schauen, sehen wir Schicht um Schicht einer gegenseitigen dynamischen Verbindung. Wenn wir bis auf den tiefsten Grund schauen, heißt es im Buddhismus, werden wir eine Welt erblicken, in der niemand und nichts für sich allein steht.

Ein Teller Spaghetti zum Abendessen beispielsweise ist nicht bloß ein Durcheinander von Nudeln, zu denen wir Tomatensoße geben. Diese Nudeln sind aus der Arbeit von Menschen hervorgegangen, die den Weizen angebaut haben, aus ihren

Hoffnungen und Befürchtungen und Träumen für die Zukunft ihrer Kinder, aus dem Boden und der Luft und dem Regen und dem Sonnenlicht, die das Wachstum der Ernte genährt und gefördert haben. Diese Elemente stehen selbst wiederum unter dem Einfluss der Ausdünnung der Ozonschicht und des Verlustes der Regenwälder des Amazonas, der globalen Erderwärmung und des sauren Regens. Mengen von schädlichen Eingriffen in die Umwelt, verantwortungslose Industrien, Regierungsvorschriften und hoffnungsvolles Intervenieren gehören zu den Bedingungen, die unseren Teller Spaghetti ins Leben rufen.

In unserem Abendessen sind außerdem die Anstrengungen derjenigen enthalten, die den Weizen verschifft haben, und derjenigen, die ihn gemahlen haben, und auch unser eigener Einkauf, den wir am Abend zuvor im Lebensmittelladen von nebenan getätigt haben, der wiederum wegen der angstvollen Sorge des jungen Inhabers um seine gesicherte Rente so lang geöffnet ist. Enthalten ist außerdem die kulinarische Geschichte Italiens, wo Pasta zum Grundnahrungsmittel wurde, sowie die von China, wo die Arbeiter auf den ausgedehnten Reisfeldern zu den ersten gehörten, die Nudeln aßen.

Und auch dies ist nur ein winziger Ausschnitt aus allen Bedingungen, die zusammenkommen. Was ist mit den Bedingungen, die unser Verlangen nach Essen in unserer Kindheit und später unsere lebenslangen Essgewohnheiten beeinflusst haben? Was ist mit der letzten Vorstandssitzung über Fragen des Werbebudgets der Firma, deren Werbung dazu verführt, ihre bestimmte Pastamarke zu kaufen? Wenn wir unter die Oberfläche schauen, offenbart sich uns eine Welt, in der ein einzelner Teller Spaghetti einem ganzen Universum gegenseitiger Verbindungen entspringt.

In ähnlicher Weise gehen unsere jeweiligen Geisteszustände aus einer Matrix von Bedingungen hervor. Wenn ich zum Beispiel in Meditation sitze und die Bestandteile des Zorns betrachte, sehe ich Stränge von Angst, Traurigkeit, Hoffnungslosigkeit. Ich sehe Schuldgefühle, weil ich den Wahrheiten nicht gerecht werde, die ich über den Schmerz, der durch Zorn verursacht wird, erfahren habe. Ich sehe eine Silhouette des frühen Todes meiner Mutter, die mich ohne Leitbild für ein fähiges Leben als Frau zurückließ. Ich sehe einen Abdruck meines geisteskranken Vaters, der Opfer fast sämtlicher Eindrücke war, die durch seinen Geist glitten. Ich sehe, wie unzählige Menschen sich quälen, weil sie das Gefühl haben, keine Stimme zu besitzen und nicht wissen, wie sie die Dinge verbessern können. Ich sehe eine beschämende Verbindung mit denjenigen, die um sich schlagen. Und ich sehe eine dankbare Verwandtschaft mit all jenen, die, selbst wenn sie zornig werden, ihr Bestes geben, niemandem zu schaden.

Ein Wutausbruch existiert in *meinem* Geist, schnürt *meine* Brust ein, beeinflusst *meine* Stimmung. Dies erlebe ich, aber ich sehe auch, dass er Teil einer komplexen Anordnung ist, und das öffnet mich dafür, meine Verknüpfung mit dem Lebensganzen zu erkennen.

Was wir normalerweise als konkrete Objekte und eigenständige Geschehnisse wahrnehmen, geht aus ineinander verwobenen Beziehungen hervor, unser Sehen selbst ist Teil dieser Bindung. Wenn wir das erkennen, sehen wir, dass der eigentliche Charakter dessen, was geschieht, nicht der einer Mauer, sondern der eines Netzes ist, und wir brauchen uns nicht länger in unserer Geistesverfassung, einer Begegnung, einem Ereignis gefangen zu fühlen. Wenn ich nur Leid und unerfüllte Möglichkeit sehe, muss ich mich an das Geheimnis der Entfaltung des Lebens erinnern – die vielen Verbindungen, die meine Bemühungen auf verschlungenen Wegen einem Ergebnis entgegentragen, von dem ich vielleicht niemals erfahren werde.

· · ·

Um die Wahrheit von der gegenseitigen Verbundenheit aller Wesen zu erkennen, müssen wir die Welt „mit ruhigen Augen" betrachten. So nannte es der Theologe Howard Thurman. Es kann durch stille Meditation geschehen, dass wir die verborgenen Verbindungsmuster sehen, aus denen unser inneres Leben besteht. Es kann dadurch geschehen, dass wir lange genug innehalten, um zu erkennen, woher ein Teller Spaghetti stammt. Wie wir es auch angehen – wenn wir die Welt vorsichtig mit ruhigen Augen betrachten, anstatt Dinge isoliert und voneinander abgegrenzt zu sehen, öffnet dies unsere Sicht, anstatt sie durch im Voraus fixierte Grenzen einzuengen. Wir nehmen das, was uns begegnet, in uns auf, bevor Reaktionen und Schlüsse sich verfestigen. Wenn wir uns diese Art der Wahrnehmung zu Eigen machen, werden wir eine andere Perspektive auf die Wirklichkeit erhalten.

Eines Abends zu fortgeschrittener Stunde schauten ein Freund und ich nach einem Kinobesuch noch in einer Kunstgalerie vorbei. In nur zwanzig Minuten sollte die Galerie geschlossen werden, und wir rannten durch die Ausstellung und betrachteten, was uns am faszinierendsten erschien. Ich blieb vor einem Poster stehen, das gegen eine Wand gelehnt und mit einem Schild versehen war, auf dem „Magisches Auge" stand. Das Bild war ein rötlich-oranges Farbgeschmier mit willkürlichen Mustern. Als wir es anschauten, machten mein Freund und ich einige Witze über die Unergründlichkeit der modernen Kunst. Plötzlich trat zu meiner Verblüffung ein dreidimensionales Bild hervor. Ich hatte den Eindruck, in ein Diorama zu blicken, mit klaren und lebendigen Gegenständen von unterschiedlicher Tiefe. „Hey, sieh dir die Dinosaurier an!", rief ich fröhlich aus. „Was für Dinosaurier?", entgegnete mein Freund. Ich war wie hypnotisiert von der Welt, die sich mir in der scheinbar willkürlichen grafischen Anordnung offenbarte. „Die da in der Nähe der Palmen", antwortete ich, unfähig, meinen Blick abzuwenden. Mein Freund rief die Aufsicht herbei, wohl um Hilfe dabei zu bekommen, mich wieder auf den Boden der Tatsachen herunterzuholen. Während ich hineingezogen in die magischen Bilder weiterschaute, erklärte ihm der Aufseher, dass dies tatsächlich ein 3-D-Bild war, wenn man wusste, wie man es anschauen muss.

Der Aufseher riet meinem Freund, seine Augen zu entspannen und in den Raum hineinzusehen, der dem Bild in einiger Distanz unterlegt war. Wenig hilfreich mischte ich mich ein und riet ihm, sich nicht zu sehr anzustrengen bei dem Versuch, etwas Besonderes geschehen zu lassen. Der Aufseher schloss sich mir an und empfahl meinem Freund, das Bild nicht *anzu*sehen, sondern durch es *hindurch*zusehen.

Nach zwanzig Minuten vergeblicher Mühen war mein Freund noch immer frustriert über sein Unvermögen, irgendwelche süßen Dinosaurier oder auch nur eine einzige Palme zu sehen, die aus den Flecken des Posters hervortraten. Er bat den

Aufseher, die Galerie nur noch einige Minuten geöffnet zu lassen, und am Ende kaufte er das Poster, fest entschlossen herauszufinden, wie man sehen konnte, was darin verborgen lag.

Die offenbar willkürlichen Ereignisse, aus denen unser Leben besteht, sind wie die offenbar willkürlichen Muster in dem Magischen-Auge-Poster; ein darunter liegendes Netz von Verbindungen könnte ein Bild ergeben, das eine Bedeutung für uns hätte, wenn wir es nur sehen könnten. Wenn wir uns abmühen, es zu sehen, sind wir am Ende entmutigt und erschöpft. Wenn wir mit ruhigen Augen schauen, beginnen wir zu sehen, dass auf der tiefsten Ebene alles und jeder miteinander verbunden ist.

Der Dichter Charles William beschrieb diese Ebene der gegenseitigen Verbundenheit als „Trennung ohne Getrenntheit, Wirklichkeit ohne Riss". Auch ohne ein begriffliches Verständnis dieser Wahrheit haben viele sie in ihrem Leben erfahren.

Ich selbst erhielt in den späten siebziger Jahren bei einem Autounfall einen tief greifenden Eindruck einer nicht durch die Sinne wahrnehmbaren gegenseitigen Verbundenheit. Ich war mit einigen Freunden auf dem Weg zu einem Restaurant, als ein betrunkener Fahrer, der über dem Lenkrad eingeschlafen war, frontal mit uns zusammenprallte. Der Rückspiegel wurde abgerissen und traf mich im Gesicht, als ich aus dem Beifahrersitz heraus auf das Armaturenbrett geschleudert wurde. Ich kam wieder zu mir, als Leute mich aus dem Auto herauszogen und mich aufs Gras legten. Eingehüllt in den grauen Schleier einer Gehirnerschütterung beobachtete ich, wie die Leute um mich herum, die Bäume, die Gebäude und Autos zu schwanken begannen wie in einem Traum.

Im Krankenhaus fragte mich eine Krankenschwester immer und immer wieder: „Wie ist Ihr Name?" Ich suchte nach ihm, aber ich kam einfach nicht darauf. Die bereits dünn gewordene Welt schwand noch weiter. Als ich beobachtete, wie sich ihr Gesicht veränderte, ging mir der willkürliche Gedanke durch den Kopf, dass sie um mich besorgt war, aber ich konnte mir nicht erklären, warum sie das sein sollte.

Auf dem Röntgentisch liegend spürte ich, wie mein Bewusstsein den Körper verließ. Ich flog einen Tunnel hinunter, bewegte mich dabei mit unglaublicher Geschwindigkeit, Tausende von misstönenden und chaotischen Bildern schrien nach meiner Aufmerksamkeit. Ich war entsetzt. Während die Heftigkeit und Geschwindigkeit zunahmen, wurde ich immer beunruhigter. Plötzlich hörte ich eine sanfte Stimme sagen: „Beobachte deinen Atem."

Ich hatte nur eine geringe Vorstellung davon, was die Dinge um mich herum bedeuteten, geschweige denn „beobachte deinen Atem". Ich hatte zu diesem Zeitpunkt mehr als acht Jahre meditiert und viele Male meinen Atem beobachtet, aber in dem Chaos meines Geistes gab es keinerlei Erinnerung an irgendetwas, das mit der Übung zu tun hatte. Dennoch kam die Stimme wieder und sagte mit Nachdruck: „Beobachte deinen Atem."

Obwohl ich keine Ahnung hatte, warum ich das tun sollte oder wie es helfen könnte, gab ich mir Mühe, mich auf das Einatmen und das Ausatmen zu konzentrieren. Während ich atmete, begannen die Bilder langsamer zu werden und die Welt um mich herum erhielt mehr Zusammenhang, wurde zwingender, als es der Tunnel gewesen war. Jedes Mal, wenn ich die Konzentration verlor und wieder „wegzufliegen" begann,

kam die Stimme zurück. Jedes Mal, wenn ich meinen Atem beobachtete, wurde ich ruhiger.

Während ich dalag, erschien mir ein Bild von einem Freund,
der in Birma war und dort als Mönch lebte. Ich sah ihn deutlich in seinen Mönchsroben, wie er vor einem Gebäude asiatischen Stils stand und mit einem älteren birmesischen Mönch
sprach. *Das ist Alan*, dachte ich verschwommen. *Mit wem ist er
zusammen?* Die Vision beruhigte mich und machte mich auf
seltsame Weise glücklich.

Ich fuhr damit fort, meinen Atem zu beobachten, und die
Vision löste sich auf, als ich mein Bewusstsein ganz in meinen
Körper zurückkehren spürte. Langsam begann ich die Elemente einer vertrauten Welt wiederzuerkennen. Ich wusste, wer
ich war und dass es mir gut gehen würde.

Fünf Jahre später, in Massachusetts, sah ich Sayadaw U Pandita zum ersten Mal. Obwohl ich keine Fotos von ihm gesehen
hatte, sah er irgendwie vertraut aus. Mitten in einer Nachmit-
tagsmeditation kam die ganze Erinnerung zurück – der Schock
durch den Autounfall, die Fahrt im Krankenwagen in der
Nacht, der Tunnel, in dem sich die Dinge schneller und immer
schneller bewegten, mein Entsetzen, das Beobachten meines
Atems und diese Vision. Der ältere Mönch in jener Szene war
Sayadaw U Pandita gewesen. Und Alan war zur Zeit des Un-
falls tatsächlich bei ihm in Birma gewesen.

Einige mögen vielleicht sagen, dass ich mir diese scheinbare
Verbindung bloß einbildete, in einem Ausbruch von Phantasie, den mir meine wachsende Verehrung für U Pandita ein-
gab, und ich kann nicht bestreiten, dass es vielleicht einfach
nur das war. Die Geschichte widersetzt sich der Logik – aber
schließlich tut das in diesen Tagen auch die Wissenschaft. Ei-

nige Jahre später las ich über ein wissenschaftliches Experiment, das mir eine Sprache zur Hand gab, die an meine Erfahrung anzuknüpfen schien.

In den sechziger Jahren stellte der Physiker John Stewart Bell die Theorie auf, dass Teilchen, die einmal miteinander verbunden waren, sich auch dann noch so verhalten, als seien sie miteinander verbunden, wenn sie voneinander getrennt sind, unabhängig davon, wie groß der Abstand zwischen ihnen ist. Einige Jahre später führte ein französischer Physiker, Alain Aspect, einen Versuch durch, in dem er den physikalischen Beweis für Bells Theorie lieferte. In Aspects Versuchsaufbau, in dem er Laserstrahlen verwendete, um Kalziumatome in einen angeregten Zustand zu überführen, wurde ein einzelnes Photon durch einen speziellen Kristall geschickt, der dieses in zwei „Tochterphotonen" spaltete. Die beiden Tochterphotonen schossen nun in gegensätzlicher Richtung auseinander. Nach einer Zufallsverteilung bewegte sich jedes Teilchen auf eine von zwei Vorrichtungen zu, die die Richtung ihrer Polarisation bzw. ihres „Spins" bestimmten. Aspects Ergebnisse zeigten, dass, gleichgültig wie weit die Photonen voneinander entfernt waren, wenn der Spin des einen gemessen wurde, sein Partner zeitgleich den gegensätzlichen bzw. komplementären Spin zeigte. Die Korrelation war unmittelbar: Sie geschah schneller als mit Lichtgeschwindigkeit.

Theoretisch kann nach Aspect der Abstand des ganzen Universums diese beiden Teilchen trennen, und wenn eines nach „oben" dreht, dreht das andere nach „unten". Wenn das eine nach „rechts" dreht, dreht das andere nach „links". Die zwingende Folge ist, dass zwei Teilchen, die einmal miteinander verbunden waren, sich weiterhin in Beziehung zueinander verhalten werden, selbst wenn sie durch riesige Zeitspannen und grenzenlosen Raum getrennt sind. Einstein nannte derlei Dinge „gespenstische" Fernwirkung.

Mir scheint, dass dieses Charakteristikum elementarer Teilchen etwas mit meinem gespenstischen Erlebnis zu tun hat, das ich mit Sayadaw U Pandita hatte, während ich auf dem Röntgentisch lag. Es ist, als hätten wir uns über Lebenszeiten hinweg gedreht, voneinander getrennt und dennoch aufeinander bezogen, und in einem kritischen Augenblick war unsere Verbindung wieder bewusst geworden. Der buddhistischen Kosmologie zufolge sind wir alle unzählige Male gestorben und wiedergeboren, und im Verlauf der Lebenszeiten sind wir einander Mütter und Kinder und Schüler und Lehrer und Freunde und Feinde gewesen. Wir haben einander geliebt und einander verletzt, wir haben gemeinsam unendlich viel gelacht und einander in den Armen liegend unendlich viele Tränen geweint. Und wir haben einander daran erinnert zu atmen.

Betrachtet man es nun aus der Sicht des Dharma oder aus wissenschaftlicher Perspektive – die fundamentale Voraussetzung für die Wirklichkeit ist Ganzheit, Aufeinander-Bezogensein. Diese enorme, untereinander verknüpfte, im Allgemeinen verborgene Welt ist der Bereich, in dem sich unsere Handlungen abspielen. Zu wissen, dass wir eng mit dieser größeren Realität verbunden sind, erhält unser Vertrauen aufrecht, wenn wir etwas in der Welt unternehmen.

Der verstorbene Wilfred Cantwell Smith, ein Gelehrter der vergleichenden Religionswissenschaften in Harvard, beschrieb Vertrauen als „eine Ausrichtung der Persönlichkeit auf sich selbst, auf seinen Nachbarn, auf das Universum; eine absolute

Antwort, eine Fähigkeit, auf einer Ebene zu leben, die über das Profane hinausreicht; aus einer transzendenten Dimension heraus zu sehen, zu fühlen, zu handeln." Diese „transzendente Dimension" ist das unermessliche Universum jener Bereitschaft zu antworten. Wenn wir innerhalb dieser Wirklichkeit leben und handeln, beginnen wir zu verstehen, wie wir Vertrauen in unsere Handlungen haben können.

Die Wirklichkeit, dass alle Dinge miteinander verbunden sind, bedeutet nicht, dass alle Ereignisse im Leben vorherbestimmt sind oder geschehen „sollen", so als müssten wir uns von den unerbittlichen Bedingungen des Lebens niedergepresst fühlen. Vielmehr lässt sie uns unser Leben aus einer Perspektive wahrnehmen, durch die wir uns selbst und andere und die verschiedenen Ereignisse unseres Lebens, ob erwünscht oder ungelegen, als voneinander abhängig, in gegenseitiger Beziehung, in Übereinstimmung erleben.

Diese gegenseitige Abhängigkeit hat sowohl Vorteile als auch Nachteile. Der Nachteil zeigt sich zum Beispiel in der Umweltzerstörung. Fehlplanung, Unbesonnenheit und kalte Rücksichtslosigkeit in einem bestimmten Gebiet können die Luftqualität, das Überschwemmungs- und Wanderverhalten und die biologische Vielfalt über Regionen und Kontinente rund um die Welt beeinträchtigen. Wissenschaftler sind ökologischen Mustern nachgegangen und haben aufgedeckt, dass die ausgedehnte Entwaldung in Tibet unter der fünfzigjährigen Herrschaft des kommunistischen China zu Bodenerosion hoch oben im Himalaja geführt hat, was sich wiederum in verheerenden Fluten in China, Indien und Bangladesch ausgewirkt und die Wetterbewegungen in ganz Asien gestört hat. Einige Experten gehen sogar davon aus, dass die Entwaldung

Tibets das Wetter der gesamten Nördlichen Hemisphäre be-
einträchtigt hat.

Der Vorteil ist, dass nach dem Gesetz der gegenseitigen
Verbundenheit das, was wir als Einzelne oder gemeinsam tun,
etwas bewirkt. Die Essenz der Chaostheorie ist etwas, das
„Sensitive Abhängigkeit von den Anfangsbedingungen" genannt wird. Dies bedeutet, dass eine sehr kleine Störung oder
Veränderung innerhalb eines Systems eine tief greifende Wirkung haben kann; dass winzige, örtlich begrenzte Handlun-
gen weit reichende, weit entfernte, komplexe Konsequenzen
nach sich ziehen können. Dieser Gedanke, entwickelt von dem
Meteorologen Edward Lorenz, wurde, nach einem Vortrag, den
Lorenz vor der Amerikanischen Vereinigung für den wissen-
schaftlichen Fortschritt hielt, als „Schmetterlingseffekt" bekannt, denn der Vortrag hatte den Titel: „Vorhersehbarkeit:
Kann der Flügelschlag eines Schmetterlings in Brasilien einen
Tornado in Texas auslösen?" In Wahrheit breiten sich unsere
Handlungen durch ein riesiges Netz von Verbindungen aus
und tragen fortwährend Früchte, ob wir uns dessen bewusst
sind oder nicht. Und manchmal erhalten wir einen kleinen
Einblick.

Der Kurs, den U Pandita gab, als ich ihn zum ersten Mal traf,
war ein Dreimonatsretreat. Er hielt ungewöhnlich ausgedehnte
Vorträge, die von einem erstklassigen Übersetzer ins Englische
übertragen wurden. Später entschieden einige Freunde und
ich, auf der Grundlage des Kurses ein Buch herauszugeben.
Wir brachten das Geld für die Transkription auf und fanden einen interessierten Verlag. Ich bat eine befreundete Schriftstel-
lerin, Kate Wheeler, das, was grundlegend eine mündliche Über-
lieferung des klassischen asiatischen Buddhismus war, in ein

Manuskript umzuarbeiten, das diese Tradition achtete und zugleich den westlichen Geist ansprach. Sie hat es wunderbar gemacht und das Buch mit dem Titel *In This Very Life* wurde veröffentlicht.

Zur Zeit der Veröffentlichung dachte ich: Doch, wir haben etwas Gutes getan, etwas, das unseren Lehrer ehrt und das ein bisschen von Nutzen sein wird. Es wird kein Bestseller sein, aber es bringt eine bestimmte Lehre durch eine sehr klare Sprache zum Ausdruck und es ist wirklich ein hervorragendes Vehikel für die begrenzte Wirkung, die es haben wird. Ich steckte es mehr oder weniger in die Kategorie der geringeren guten Taten. Einige Jahre später musste ich meine Einschätzung radikal neu bewerten, als ich von der Wirkung erfuhr, die diese kleine „lokale Handlung" an einem weit entfernten Ort hatte.

Aung San Suu Kyi, Führerin der prodemokratischen Bewegung in Birma, hatte schon lange zu meinen Heldinnen gehört. Viele meiner Lehrer stammen aus ihrem Land oder haben dort studiert. Es wird von einer brutalen Militärdiktatur regiert und Suu Kyi hat ihr Leben dafür eingesetzt, gegen deren politischen Kurs zu protestieren. 1989 wurde sie für ihre politischen Aktivitäten unter Hausarrest gestellt. Ihre Söhne waren zu dieser Zeit sechzehn und zwölf, und sie sollte sie und ihren Mann für viele Jahre nicht wiedersehen. Weil sie es ablehnte, irgendetwas vom Militär anzunehmen, hatte sie manchmal nicht einmal genug Geld für Nahrung. Sie wurde so schwach, dass irgendwann ihr Haar ausfiel und sie das Bett nicht verlassen konnte.

In den sechs Jahren, in denen sie unter derartigen Bedingungen unter Hausarrest lebte, bot ihr das Militär viele Gelegenheiten, Birma zu verlassen, aber es war klar, dass sie niemals wieder würde einreisen dürfen, wenn sie das Land verließe. Sie wusste, dass sie, wenn sie blieb, für das birmesische Volk weiterhin ein Symbol der Hoffnung auf Demokratie sein würde. Sie entschied sich zu bleiben, weswegen sie für den Friedensnobelpreis nominiert wurde, der ihr noch während ihrer Haft verliehen wurde.

Für kurze Zeit entließ das Militär Suu Kyi, bevor sie wieder eingesperrt wurde, und sie konnte über ihre Erlebnisse sprechen und schreiben. Über ihr spirituelles Leben schrieb Suu Kyi: „Die spirituelle Dimension wird besonders wichtig in einem Kampf, in dem tief empfundene Überzeugungen und die Kraft des Geistes die wichtigsten Geschütze gegen eine bewaffnete Unterdrückung sind." Sie erzählte, wie ihre Meditationsversuche aus Mangel an Unterweisung scheiterten. Sie saß mit zusammengebissenen Zähnen auf ihrem Bett und versuchte zu praktizieren, wurde aber nur angespannter. Und dann schickte ihr Mann ihr ein Buch, das alles veränderte. Das Buch war U Panditas *In This Very Life*. Durch seine Hilfe hatte sie zu meditieren gelernt, und es wurde ihre wichtigste Quelle spirituellen Beistands während jener ungemein schwierigen Jahre.

Ich war fassungslos, als ich diese Geschichte hörte. Ein birmesischer Lehrer war nach Barre in Massachusetts gekommen, wir machten dieses Buch, und irgendwie gelangte es zurück nach Birma in die Hände einer Frau, die ich sehr bewunderte. Um ihr zu helfen, hätte ich alles gegeben, wenn ich nur eine Ahnung gehabt hätte, wie. Jedes Mal, wenn ich jemanden den Wert seiner guten Taten klein reden höre, denke ich daran, wie es einer kleinen Gruppe von Freunden gelang, Leiden zu erleichtern, und zwar ohne es zu planen, in einer Weise, die wir uns nicht hätten träumen lassen.

Wir können nie wissen, wie unsere Handlungen ihre Kreise ziehen und andere beeinflussen. Wir mögen uns selbst gezwungenermaßen oder aus Gewohnheit herabsetzen, unsere Handlungen als unzulänglich betrachten oder uns mit ihrer vorausbestimmten Mittelmäßigkeit abfinden, aber es gibt nicht eine einzige Handlung, von der wir das letztendliche Resultat kennen könnten. T. S. Eliot schrieb: „Uns bleibt nur der Versuch. Der Rest ist nicht unsere Angelegenheit."

Dennoch bemessen wir den Wert unserer Handlungen danach, ob sie eine bestimmte Konsequenz haben oder nicht – ob sie im erwarteten Zeitrahmen das Gute erwirken, das wir uns vorgenommen haben. Wenn es dann nicht so läuft, verlieren wir vielleicht das Vertrauen in das, was wir tun, und wir verlieren unseren Mut. Solange wir nicht den gewünschten Erfolg garantieren können, mögen wir vielleicht sogar entscheiden, bestimmte Handlungen erst gar nicht anzufangen. Eine solche Anhaftung an Ergebnisse kann uns zu einer unrealistischen Erwartungshaltung, totaler Erschöpfung und einer trostlosen Frustration führen, die uns das Gefühl gibt, nie genug tun zu können.

In der buddhistischen Lehre macht dagegen das unmittelbare Resultat einer Handlung und wie andere darauf reagieren nur einen kleinen Teil ihres Wertes aus. Es gibt zwei weitere bedeutende Aspekte: Die Absicht, die eine Handlung hervorbringt, und das Geschick, mit der wir sie ausüben. Die Absicht ist unsere zugrunde liegende Motivation oder unser innerer Drang, der die Handlung auslöst. Das Geschick, mit dem wir handeln, beinhaltet, dass wir unsere Absicht mit angemessener Sensibilität und Reflexion umsetzen. Während das Geschick bei einer Handlung eine Menge mit dem Ergebnis zu tun hat, ist die Absicht, die hinter einer Handlung steht, von entscheidender Bedeutung. Wir können die Reaktion auf eine Handlung nicht kontrollieren. Wir können unser Bestes tun, geschickt vorzugehen, aber eine entscheidende Wahl treffen wir auf der Ebene der Absicht. Eine Handlung kann durch Liebe motiviert sein – oder durch Hass oder Rache. Eigeninteresse kann die Quelle dessen sein, was wir tun – oder manchmal auch Großzügigkeit. Wenn unsere Absicht positiv ist, können wir darauf vertrauen, dass das Netz der Verbindungen arbeitet, um in positiver Weise Schritt für Schritt unsere Handlung zu entfalten, ganz gleich, wie gering oder bedeutend sie ist.

Immer wenn ich einen Kurs zur Metta-Meditation gebe, schicke ich die Schüler auf die Straße, um ihre Gehmeditation zu machen. Ich schlage ihnen vor, sich einzelne Menschen, die sie sehen, herauszusuchen und ihnen sorgsam und mit Achtsamkeit und Bewusstheit alles Gute zu wünschen, indem sie still die Sätze der Übung wiederholten: „Mögest du glücklich sein, mögest du Frieden haben." Ich sage ihnen, dass selbst wenn sie sich nicht liebevoll *fühlen*, dies die Kraft ihrer Absicht, Liebe zu geben, nicht herabsetzen würde. Ein Retreat fand einige Blöcke vom Stadtzentrum in Oakland, Kalifornien, entfernt statt. Da wir uns direkt gegenüber dem Bahnhof befanden, beschlossen einige, ihre Übung auf dem Bahnsteig durchzuführen.

Als ein Zug einfuhr, fiel einer Frau aus dem Kurs ein aussteigender Mann auf und sie entschied sich, ihn zum Empfänger ihrer Metta-Meditation zu machen. Still begann sie die Sätze für ihn zu rezitieren. Fast sofort begann sie, sich selbst zu beurteilen: *Ich muss es falsch machen, weil ich mich so weit weg fühle. Da ist kein großartiges Gefühl von Wärme, das mich überkommt.* Trotzdem machte sie weiter und bestärkte sich in ihrer Absicht, auf alle Wesen mit Freundlichkeit anstelle von Befremdung zu blicken, und sie rezitierte: „Mögest du glücklich sein, mögest du Frieden haben." Als sie einen weiteren Blick auf den Mann warf, der in Anzug und Krawatte gekleidet war und nervös zu sein schien, begann sie ihn zu beurteilen: *Er sieht so steif und angespannt aus.* Dann bewertete sie sich selbst: *Hier stehe ich nun und versuche, jemandem Liebe und Mitgefühl zu schicken, und stattdessen setze ich ihn herab.* Trotzdem fuhr sie fort, die Sätze zu wiederholen und richtete ihre Energie auf ihre tiefe Absicht aus: ein Fels der Liebe in der Welt zu sein.

In diesem Moment kam der Mann zu ihr herüber und sagte: „Ich habe nie zuvor in meinem Leben etwas wie dies getan, aber ich möchte Sie bitten, für mich zu beten. Ich muss mich gleich einer sehr schweren Situation in meinem Leben stellen. Sie sehen irgendwie so aus, als hätten sie ein wirklich liebendes Herz, und ich würde einfach gerne wissen, dass Sie für mich beten."

Das Leben ist nicht vollkommen linear vorhersagbar im Sinne von: „Ich habe dies gedacht, deshalb hat er das gefühlt." Es ist viel chaotischer und schriller und geheimnisvoller. Aber dieser bemerkenswerte „Zufall" kann dennoch das Wesentliche verdeutlichen: Obwohl die Frau keine konkrete physische oder verbale Handlung ausgeführt hat, hatte ihre Verpflichtung zu einer positiven Absicht offensichtlich eine Wirkung. Wenn es unsere Absicht ist, anderen Gutes zu tun und wir diese Absicht pflegen, können wir darauf vertrauen, dass dies auf irgendwelchen, uns oft unbekannten Wegen seine Kreise zieht. Mehrere neuere wissenschaftliche Studien haben die Kraft des Gebets und der Fernheilung untersucht. Die ersten Ergebnisse sind überraschend. Selbst wenn die Leute, für die gebetet wird, nichts von den Bemühungen um ihre Person wissen, scheinen diese Eingriffe eine Wirkung zu haben. In einer Studie am California Pacific Medical Centre in San Francisco hatten beispielsweise AIDS-Patienten, für die ohne ihr Wissen gebetet wurde, deutlich weniger AIDS-spezifische Beschwerden, weniger schwere Krankheiten, weniger Arztbesuche und kürzere Krankenhausaufenthalte als die Patienten der Kontrollgruppe, für die die Teilnehmer der Studie nicht gebetet hatten.

Ein Forschungsprojekt, das an einer Klinik für Fortpflanzungsmedizin in Korea durchgeführt wurde, erbrachte sogar noch verblüffendere Ergebnisse. Die Frauen, die sich um eine Schwangerschaft bemühten, für die aus der Entfernung gebetet wurde, wurden doppelt so häufig schwanger wie diejenigen, für die nicht gebetet wurde. Ich war belustigt darüber, dass der Autor des Berichts und seine Kollegen offenbar abwägen mussten, ob sie ihre Ergebnisse veröffentlichen sollten, da sie so unmöglich erschienen. Schließlich entschieden sie, dass der Unterschied in der Schwangerschaftsrate zwischen den beiden Frauengruppen so signifikant war, dass sie ihn nicht ignorieren konnten. Die Forscher setzten sich dem Risiko der Lächerlichkeit aus und machten sich daran, ihre Resultate zu veröffentlichen. Immer wenn ich Studien dieser Art lese, denke ich an diejenigen, die in ihren Gebeten zum Wohle und zum Glück aller Lebewesen Liebe und Mitgefühl aussenden, Gebete, die möglicherweise auf ganz zarte Weise das weite Spektrum unser Freude durchwirken.

Auch wenn wir nicht wissen, wie wir jemandem helfen können, oder wenn alles, was wir tun, aller Wahrscheinlichkeit nach wenig Wirkung zeigen wird, können wir darauf vertrauen, dass die Kraft der Absicht unsere Handlungen mit dem weiten Netz von Verbindungen verknüpft.

Eines Morgens saß ich, während eines Besuchs in Kalifornien, am Strand von Santa Monica und schaute gedankenverloren auf den Pazifischen Ozean hinaus. Mein Geist glitt hinaus auf die weite Wasserfläche und hinein in schillernde Welten der Phantasie. Ich sah Piraten, die auf demselben Ozean gesegelt waren, Schiffe, mit Schätzen beladen, eine Spur von Entsetzen hinter sich herziehend. Ich sah Entdecker, die sich mit Kühnheit, Überzeugung und Abenteuerlust auf den Weg machten. Ich sah Seefahrer in ihrer Fertigkeit, am Rhythmus des dörflichen Alltags vorbeizuziehen, ohne sich ihm zu beugen. Wie ich fasziniert von diesen Vorstellungen dort saß, konnte ich mir vorstellen, selbst einer dieser Abenteurer zu sein, und ich fühlte in meinem Inneren die Kraft, über Begrenzungen hinauszuwachsen, mich tapfer hinauszuwagen, nichts zu fürchten. Mir war, als könne ich alles tun.

Dann bemerkte ich, dass jemand gekommen war und sich neben mich gesetzt hatte. Ich drehte mich um und sah in das Gesicht einer jungen Frau. An ihrer Kleidung und an ihrem Verhalten erkannte ich, dass sie eine der städtischen Obdachlosen war. Ihre Augen waren tot, hoffnungslos, sie hatten nichts anzubieten, drückten nichts aus und zerfetzten meine Träume von grenzenlosem Mut mit ihrem grenzenlosen Leiden. Ich war verlegen, war getroffen von meiner Machtlosigkeit, wusste nicht, was ich sagen sollte. Ich hatte das Gefühl, dass ich nichts tun konnte, um ihre Lage zu verbessern, um das Leiden von ihr zu nehmen.

Eine der brillantesten und bekanntesten Lehrmetaphern im
Mahayana-Buddhismus ist Indras Netz. In der alten vedischen
Kosmologie ist Indra der Herr des Firmaments; sein Netz ist
das Universum, ein Netz von unbegrenzten Ausmaßen. An jedem Knoten, in dem sich die Stränge des Netzes treffen, befindet sich ein glitzernder, auf Hochglanz polierter Edelstein.
Jedes Juwel reflektiert alle anderen Juwelen im Netz; betrachtet man einen Edelstein, sieht man alle, wie in einem Holo-
gramm. Oder wie es das Avatamsaka-Sutra, ein wichtiger buddhistischer Text, beschreibt: „Der Widerspiegelungsvorgang
ist grenzenlos." Einen anderen Menschen wirklich zu sehen
bedeutet nach dieser Sichtweise, uns selbst zu sehen, und uns
selbst zu sehen bedeutet, alle Wesen zu sehen. Wenn wir wissen, wie eng unsere Leben miteinander verschlungen sind,
wissen wir, dass das Leben einer obdachlosen Frau am Strand
etwas mit unserem eigenen Leben zu tun hat. Wir können unseren Blick nicht abwenden und um die Leidenden herum
schauen oder durch sie hindurch, um eine bessere Aussicht zu
erhalten. Unser Lebensbild schließt sie notwendigerweise mit
ein. Anstatt das Leiden der anderen als eine Bedrohung für unser mühsam aufrechterhaltenes Glück anzusehen, wissen wir,
dass es einem Abwenden von uns selbst gleichkommt, wenn
wir uns von ihnen abwenden. Auf diese Weise erkennen wir
Gemeinschaft in ihrer weiteren und tieferen Dimension.

Die Wahrheit unserer tiefgründigen gegenseitigen Verbundenheit zu erkennen macht uns offen für einen nicht ange-
lernten Altruismus, der einfach eine Widerspiegelung eines
ehrlicheren Lebens ist. Das Vertrauen, grundlegend miteinander verbunden zu sein, streift den Panzer von Unterscheidung
und Trennung ab. Ich wandte mich um und konfrontierte

mich mit der Leerheit in den Augen der obdachlosen Frau, widerstand der Versuchung, angesichts ihrer Verfassung und meinem eigenen Gefühl der Hilflosigkeit zurückzuschrecken. Ich lächelte sie an und rezitierte leise: „Mögest du glücklich sein, mögest du Frieden haben", und so saßen wir eine Weile gemeinsam da, teilten die Aussicht auf das Meer mit seinen Träumen von unendlicher Möglichkeit und Veränderung. Ich gab ihr kein Geld, auch wenn ich das in der Vergangenheit in solchen Situationen oft getan habe. Ich nahm mir nicht vor, mich für bessere Unterkünfte oder verstärkte Fürsorge für die geistig Kranken einzusetzen, auch wenn das bei anderen Gelegenheiten das Richtige gewesen wäre. Ich saß mit ihr da und erkannte sie als einen Menschen, eine Weggefährtin, im weiteren Sinne als einen Teil meiner selbst und nicht als eine fremde Kreatur.

Es liegt in der Natur unserer Existenz, dass wir weder durch Erlass, noch durch eine Willensanstrengung, noch durch einen brennenden Wunsch, nicht einmal durch eine alles verzehrende Liebe einem anderen die Schmerzen nehmen können. Gleichgültig, wie sehr wir uns bemühen, wir können einen Menschen, der sich verweigert, nicht jedes Mal dazu bringen, Hilfe anzunehmen oder einen verängstigten Menschen in Sicherheit bringen oder erfolgreich eine Veränderung in einer verfahrenen Situation herbeiführen. Häufig werden unsere Anstrengungen durch die Vorahnung einer Niederlage überschattet sein, selbst wenn wir versuchen, eine Veränderung zu bewirken. Und häufig werden wir verzweifeln, wenn wir tatsächlich scheitern.

Aber wenn dieser unausweichliche Kummer von Vertrauen auf die gegenseitige Verbundenheit begleitet wird und wir nicht über die Natur der Dinge verbittern, werden wir wahrscheinlich eher am nächsten Morgen aufstehen und noch einmal unser Bestes geben, in dem Wissen, dass selbst die kleinste Handlung, die mit einer guten Absicht ausgeführt wird, eine Auswirkung hat.

Was andere vor uns getan haben, erschafft die Wirklichkeit, die wir gerade jetzt erleben. Was jeder von uns gerade jetzt tut, hat eine Wirkung über Zeit und Raum hinweg. Selbst wenn wir uns hilflos fühlen, können wir Unterstützung in dieser Wahrheit finden. Mit Liebe und Mitgefühl können wir weiterhin über die Hürde des Schmerzes hinweg unser Herz hingeben, angetrieben von dem Vertrauen, so gut zu handeln, wie wir können, in einem Leben, das wir alle gemeinsam teilen.

Auch wenn wir nicht verstehen, warum es so viel Leid auf der Welt gibt, warum sich einige Menschen gegenüber anderen so schlecht benehmen, können wir uns dennoch darauf verlassen, dass Hass niemals durch Hass ein Ende findet, sondern nur durch Liebe. Wir können nicht vorhersehen, was bei unseren Handlungen herauskommt, aber was wir auch tun, es wird Zeichen setzen und eine Wirkung zeigen. Es gibt kein Wissen darüber, was die Zukunft bringen wird oder was am Horizont liegt, aber was auch immer geschieht, die Leben, die wir jeden Tag leben, sind Teil eines größeren Ganzen. Wir können unser Vertrauen auf diese Sicherheiten setzen.

KAPITEL 7

Bleibendes Vertrauen:
Vertrauen in uns selbst

Von ihrer Insel am Hafen von New York City aus hat die Freiheitsstatue zahllose Einwanderer am Ende ihrer erschöpfenden Reise und am Beginn ihres Lebens in einem neuen Land begrüßt, meine Großeltern eingeschlossen. Ihr Willkommensgruß an alle, selbst an diejenigen, die sonst von allen und überall verstoßen sind, wird in der bewegenden Inschrift auf ihrem Sockel bekundet, verfasst von der Dichterin Emma Lazarus:

> Schickt mir die, die arm sind und geschlagen,
> bedrückte Masse, die's zur Freiheit drängt,
> der Länder Abfall, elend, eingeengt,
> die Heimatlosen schickt, vom Sturm getragen
> zum goldnen Tor, dahin mein Licht sie lenkt!

Ich verehre die Freiheitsstatue seit langem und muss zugeben, dass ich viele Fotos und Souvenirnachbildungen von ihr in New Yorker Geschäften gekauft habe. Als eine Lichtträgerin, als ein Symbol unendlich tiefen Mitgefühls, war sie schon lange meine persönliche Ikone gewesen. Im Hinduismus wird die persönliche Gottheit, der man sein Herz hingibt, *Ishta Dev* genannt. Die Ishta Dev wird aus dem umfangreichen Pantheon der Götter und Göttinnen ausgewählt, stellvertretend für die Qualitäten, denen man vor allem nacheifern möchte. Wenn ich eine Ishta Dev wählen müsste, so wäre es die Lady Liberty. Als ein Bild der Inspiration scheint sie so beständig zu sein wie die Freiheit, die sie symbolisiert. Wie bei der Großen Pyramide oder dem Mahabodhi Stupa in Bodhgaya kann ich mir nicht vorstellen, dass sie einmal nicht mehr da sein könnte. Aber selbst Monumente, die über Jahrhunderte bestanden haben, können in nur einem Augenblick zu Asche zerfallen. Zwischen dem zweiten und dem fünften Jahrhundert n. Chr. schlugen Mönche in mühevoller Arbeit zwei massive stehende Buddhas aus einer Sandsteinklippe in der Gegend von Afghanistan heraus, die eine etwa 120, die andere 175 Fuß hoch. Obwohl ich sie während meiner zahlreichen Reisen in den Osten nicht gesehen hatte, war ich froh zu wissen, dass sie dort waren. Sie waren wie Wächter des Friedens, so groß, dass sie ruhig über mich und die ganze unruhige Welt wachen konnten. Im März 2001 sprengten die Taliban in Afghanistan sie trotz des energischen Widerspruchs von Seiten der Weltgemeinschaft in die Luft. Einst Denkmäler für die Ewigkeit, blieben von ihnen nach dem Einsatz von Panzern, Granaten und Raketen nicht mehr als verkohlte Trümmer.

Auch die Freiheitsstatue wird vielleicht eines Tages nicht mehr als eine Erinnerung sein, so wie die Zwillingstürme, die einst in ihrer Nähe standen. In den Tagen, die auf den Angriff auf das World Trade Center im September 2001 folgten, fürchtete ich um sie. Dann erschien das neue Bild von ihr in den Zeitungsständen und Souvenirläden – ein Bild, das sehr stark etwas mit Vertrauen zu tun hat. Sie steht da, ihr Licht erhoben, und verspricht den Müden und Elenden die Freiheit, während sich hinter ihr riesige schwarze Rauchwolken auftürmen. Unter dem Rauch, in den Trümmern und Ruinen des World Trade Center, lag eine schreckliche Tragödie. Und doch steht sie trotz des Entsetzens und der Zerstörung ruhig, mit grüßender Geste da. Als meine Ishta Dev erinnert sie mich daran, dass selbst inmitten der Verwüstung etwas in unseren Inneren immer den Weg in die Freiheit zeigt.

Alles Äußere, auf das wir schauen, um Inspiration zu erlangen, kann zu Staub zerfallen. Kein Symbol, kein Bauwerk, keine Bedingung, keine Beziehung, kein Leben ist gegen den Wandel immun. Kein geliebter und verehrter Lehrer, kein Freund oder geliebter Mensch kann verhindern zu sterben. Meine Lehrerin Dipa-Ma erinnert sich, dass sie sich, verzweifelt über den Tod ihres Mannes und ihrer Kinder, fragte: „Was kann ich mit mir nehmen, wenn ich sterbe? Ich sah mich um: meine Mitgift – meine Seidensaris und den Goldschmuck – ich wusste, ich würde sie nicht mitnehmen können. Meine Tochter, mein einziges Kind, ich konnte sie nicht mitnehmen. Was also konnte ich mitnehmen?" In diesem Augenblick entschied sie: „Ich muss zum Meditationszentrum gehen. Vielleicht kann ich da etwas finden, was ich mit mir nehmen kann, wenn ich sterbe." Was Dipa-Ma fand, war der Kern dessen, worauf sie vertrauen konnte, etwas, das der Wandel nicht von ihr fortreißen konnte. Worauf können wir alle unser Vertrauen setzen, was bleibt? Dies herauszufinden ist der buddhistischen Lehre zufolge gleichbedeutend damit, die tiefste Ebene von Vertrauen zu kennen.

Wir geben unser Herz in kleinen Schritten, mal getrübt von Zögerlichkeit, mal belebt durch Ausbrüche in die Freiheit. Vertrauen entwickelt sich von dem berauschenden ersten Blick des strahlenden Vertrauens zu einem Vertrauen, das sich durch unsere Zweifel, unser Fragen und unsere ehrliche Bemühung, die Wahrheit selbst herauszufinden, verwirklicht. Strahlendes Vertrauen durchdringt uns mit einem Sinn für das Mögliche; überprüftes Vertrauen versichert uns unserer Fähigkeit, das Mögliche Wirklichkeit werden zu lassen. Dann, wenn wir die zugrunde liegende Wahrheit darüber, wer wir sind und worum es in unserem Leben geht, auf einer tiefen Ebene kennen lernen, entsteht bleibendes Vertrauen oder unerschütterliches Vertrauen, wie es traditionell genannt wird.

Bleibendes Vertrauen hängt nicht von geliehenen Konzepten ab. Vielmehr ist es die magnetische Kraft eines bis ins Mark verinnerlichten, gelebten Verstehens, das uns dazu bringt, unsere Ideale zu erkennen, unseren Reden Taten folgen zu lassen und im Einklang mit dem zu handeln, was wir für die Wahrheit halten. Der Theologe Paul Tillich definiert diese Art von Vertrauen als eine Ausrichtung auf unser „tiefstes Anliegen", „das Ergriffensein von dem, was uns unbedingt angeht", jene Werte, denen wir uns am tiefsten verbunden fühlen, die den Kern dessen formen, was uns leidenschaftlich bewegt. Ein tiefstes Anliegen ist nicht bloß das Interesse an einer Mode oder an einem Spleen, sondern eines, das unseren Lebensmittelpunkt bildet.

Wenn wir morgens aufwachen und uns vorstellen, dass die Handlungen des kommenden Tages eine Wirkung haben werden, dann erzählen wir uns eine Geschichte, die auf unserem tiefsten Anliegen beruht. Wir erinnern uns daran, unseren Nachbarn zu lieben oder uns an Gott zu erinnern. Wenn wir am Ende unseres Tages die Geschehnisse noch einmal durchgehen und sie zueinander in Beziehung setzen, sodass ein Muster entsteht, das etwas Bedeutsames aufdeckt, so ist unser tiefstes Anliegen das, worauf wir die Anordnung beziehen. Weil bleibendes Vertrauen ein tiefstes Anliegen ist, war der Tag nicht bloß eine Reihe von aufflackernden Momenten, die für uns jetzt verloren sind und auf nichts hinauslaufen. Auf unser tiefstes Anliegen verlassen wir uns nicht nur, um Halt zu bekommen, wenn es schwierig wird, oder um uns an einem schlechten Tag Erleichterung zu verschaffen; wir suchen in ihm das Licht.

Unser tiefstes Anliegen ist der Prüfstein, den wir immer und immer wieder umwenden, der Faden, nach dem wir immer wieder greifen, der uns ein Gefühl der Sinnhaftigkeit in unserem Leben vermittelt. Es ist der Klebstoff, der die verschiedenen Stücke zusammenfügt, der Rahmen, der dem Bild unserer Erfahrungen eine Form verleiht. Wir wenden uns an unser tiefstes Anliegen, wenn wir verängstigt oder verwirrt sind oder wenn wir nicht mehr richtig wissen, wer wir sind. Wir wenden uns mit Dringlichkeit an unser tiefstes Anliegen, wenn wir von Verlust oder durch einen drohenden Verlust erschüttert sind; wir wenden uns ihm zaghaft zu, wenn etwas, das wir gewollt haben, uns enttäuscht oder zu schwinden beginnt.

Für viele ist ein Prinzip wie Gerechtigkeit eine tiefstes Anliegen. Bernice Johnson Reagan, eine Sängerin von *Sweet Honey in the Rock*, war in den frühen sechziger Jahren eine engagierte Bürgerrechtsaktivistin. Zurückdenkend an die Gefahr, der sie und ihre Freunde sich ausgesetzt hatten, indem sie gegen die Rassentrennung in Georgia eintraten, sagte sie: „Jetzt lehne ich mich zurück und betrachte einige der Dinge, die wir getan haben und sage: ‚Was in aller Welt ist über uns gekommen?' Aber der Tod hatte nichts mit dem zu tun, was wir taten. Wenn jemand uns erschossen hätte, wären wir tot gewesen. Und wenn Menschen starben, weinten wir und gingen zu Beerdigungen. Und am nächsten Tag gingen wir los und taten die nächste Sache, denn es war wirklich jenseits von Leben und Tod. Es war wirklich so, wie man eben manchmal weiß, was man zu tun hat. Und wenn man weiß, was man zu tun hat, dann ist es der Job der anderen, einen zu töten." Das unerschütterliche Vertrauen in Gerechtigkeit gab diesen Bürgerrechtlern die Kraft, all der gewaltigen Hochs und Tiefs ihres Lebens zum Trotz weiterzumachen.

Möglicherweise haben wir auch bleibendes Vertrauen in die Gesetzlichkeit der Natur – Samen, die sich nach einem Feuer erholen, Flüsse, die auf das Meer zufließen, Erneuerung, die auf Zerfall folgt. Es wird berichtet, dass, nachdem die Atombombe auf Hiroshima gefallen war, eine Welle der Panik die Stadt erfasste, als sich Gerüchte verbreiteten, dass Gras, Bäume und Blumen niemals wieder wachsen würden. Hatte die Katastrophe solche Ausmaße, dass die Naturgesetze mit der Bombe gesprengt waren? Wie wir wissen, sind Gras und Bäume und Blumen auch nach einem solch massiven Eingriff durch Menschenhand in Hiroshima wieder gewachsen. Mehrere Leute sagten, als sie ihre Erfahrung dieser Zeit beschrieben, dass sie erst nachdem sie erfahren hatten, dass das Naturgesetz noch intakt war, das Vertrauen fanden, weiterzumachen.

Auch eine Ausrichtung kann ein tiefstes Anliegen sein, in das wir unser bleibendes Vertrauen setzen. In *Zen-Geist, Anfänger-Geist* schreibt Suzuki Roshi: „Selbst wenn die Sonne im Westen aufginge, hat der Bodhisattva nur einen Weg." Dieser „eine Weg" des Bodhisattva ist seine Verpflichtung gegenüber dem Mitgefühl, indem er die Handlungen seines Lebens dem Wohl der Wesen widmet. Wir mögen wissen, wie es ist, Erfolg zu haben oder zu scheitern, großen Reichtum zu besitzen oder gerade genug zu haben, um über die Runden zu kommen, Beifall zu bekommen oder in aller Zurückgezogenheit zu leben, aber unter all diesen Umständen können wir uns von unserem Gefühl für Sinnhaftigkeit inspirieren lassen.

Für diejenigen, die nach der Freiheit vom Leiden, wie sie der Buddha gelehrt hat, streben, ist die wichtigste Quelle für bleibendes Vertrauen unsere eigene Buddha-Natur. Weil die buddhistischen Belehrungen der menschlichen Erfahrung entspringen, anstatt von einer Gottheit verkündet worden zu sein, wird das bleibende Vertrauen in einen selbst, in die eigenen, wahren Fähigkeiten besonders hervorgehoben.

Mangelndes Vertrauen unserem eigenen Potential gegenüber begrenzt unseren Sinn für das Mögliche auf gewohnte Vorstellungen. Er hält uns davon ab, uns vorzustellen, wer wir noch werden könnten, oder zu erkennen, wie wir unnötigerweise unser Leben einschränken. Woran wir auch zu glauben gewöhnt sind, die Lehren sagen, dass unterhalb unserer kleinen, begrenzten, Lucy-definierten Identität eine angeborene Fähigkeit liegt, bewusst zu sein und zu lieben: die Buddha-Natur. Und hierauf beruht unser Vertrauen.

Die Texte vergleichen die noch nicht erwachte Buddha-Natur mit „Blüten, bevor die Blütenblätter sich geöffnet haben, einem Weizenkorn, dessen Spelze noch nicht entfernt ist, einem Schatz, der unter dem Haus armer Leute verborgen ist." Dieses Potenzial an Liebe und Bewusstheit, in das wir unser Herz hineinlegen, ist da, unabhängig von unseren jeweiligen Bedingungen, Hintergründen, Traumata oder Ängsten – es kann nicht zerstört werden, gleichgültig, was wir durchgestanden haben oder was wir durchstehen werden. Auch wenn einige Menschen jeden Zugang zu dieser Fähigkeit verloren haben – weil sie sie nicht finden können oder ihr nicht trauen –, sie ist immer da. Der Unterschied zwischen Vertrauen und Einbildung liegt in der Tatsache, das die Einbildung für sich beansprucht, etwas Besonderes zu sein, während unsere grundlegende Natur nicht persönlich ist – sie ist universell, sie wird geteilt. Wenn wir den Buddha oder einen großen Lehrer ansehen, können wir unser eigenes Potential für Glück, für lebendige Weisheit und anhaltendes Mitgefühl sehen – ein Potential, das alle Wesen teilen. Wenn wir uns jedoch damit begnügen, nur dem jeweils anderen zu vertrauen, ihn oder sie zu bewundern und uns selbst zu übersehen, bleibt unser Vertrauen unvollständig.

Auch wenn ich bleibendes Vertrauen bei all meinen früheren Lehrern gespürt hatte, richtig lebendig wurde es für mich erst durch meinen Lehrer Khenpo. Er zeigte mir unermüdlich den Weg, wie ich eben diese Qualität von Vertrauen in mich selbst entwickeln konnte. Als ich ihn traf, hatte ich bereits jahrelang meditiert. Ich wusste natürlich, dass alle Dinge vergehen, dass Anhaftung die Ursache für Leid ist, dass meine Zuflucht in meiner eigenen Buddha-Natur lag, im Dharma, im Sangha. Ich hatte Vertrauen zu diesen Wahrheiten gefasst und ebenso zu meiner Fähigkeit, sie zu erkennen. Aber Khenpo war ein derart strahlendes Licht, dass einige meiner alten Tendenzen wieder erwachten. Es gab Zeiten, in denen ich schlicht mit ihm verschmelzen wollte, um die Intensität seiner Schönheit festhalten zu können. Ihm nah zu sein schien manchmal wichtiger zu sein, als mir selbst durch die Praxis näherzukommen. So sehr er mir den Weg zum Vertrauen in meine eigene Buddha-Natur aufzeigte, so musste ich meinen Lehrer doch erst verlieren, damit mein Vertrauen wirklich heranreifen konnte.

Zum ersten Mal traf ich Khenpo 1991 in Paris. Ein alter Freund, Surya Das, ein Amerikaner, der als tibetischer Lama ausgebildet war, brannte darauf, uns miteinander bekannt zu machen. Er führte mich in einen Raum, der in einem erschlagenden leuchtenden Gelborange gestrichen war, in dem Khenpo eine Gruppe französischer Schulkinder traf. Halb hatte ich erwartet, einen erhabenen Schulmeister anzutreffen, umringt von unbeholfenen und ehrfürchtigen Schülern. Stattdessen pulsierte der Raum von Leben, Khenpo lachte, neckte die Kinder und spielte mit ihnen. Im gleichen Moment, in dem ich ihn sah, löste sich eine Verengung in meinem Herzen, von der ich nicht einmal bemerkt hatte, dass es sie gab. Er blickte zu mir auf, und sobald unsere Augen sich trafen, fühlte ich mich zu Hause. Ich nahm ein Licht wahr, das von seinem Körper ausging, und es war strahlender als die extravagante Farbe auf den Wänden, die uns umgaben.

Von allen Menschen, die ich je getroffen hatte, war Khenpo der mit dem weitesten Raum. Es schien, als würde der Wind direkt durch ihn hindurch wehen, und Transparenz war der wichtigste Bestandteil seines Wesens. In seiner Gegenwart hatte ich viele Male das eigenartige Gefühl, wir stünden auf einem großen Feld, umgeben von einer riesigen, leeren Weite, die sich in alle Richtungen erstreckte. Selbst wenn wir uns in einem überfüllten kleinen Raum befanden, schienen sich die Wände, die uns umschlossen, aufzulösen. Vielleicht war dieser Effekt eine Widerspiegelung von Khenpos weitem Bewusstsein und seinem riesigen, grenzenlosen Herzen. Mit Khenpo zusammen zu sein kam der Erfahrung einer Transformation durch die bloße Gegenwart einer verwirklichten Person am nächsten. Dabei war er ganz und gar „unselbstbewusst", wie ein Zauberer, der keinerlei Anhaftung an seine eigene Magie besitzt.

Jedes Mal, wenn ich die Gelegenheit hatte, Khenpo bei seiner täglichen Puja – einer rituellen Praxis – zu beobachten, war ich ergriffen von seiner Hingabe und der Stärke seines Vertrauens. Wenn er sich vor dem Buddha verneigte, ging ihm das Gesicht über vor Freude, so als würde er seinen besten Freund zu Hause begrüßen. Die Puja hatte einen festlichen Charakter, so als würde er gemeinsam mit dem Buddha eine Gabe des Vertrauens zelebrieren: Khenpos Vertrauen, dass der Weg des Buddha zu Freiheit führen konnte; das Vertrauen des Buddha in das Potential jedes Einzelnen, frei zu sein. Khenpos Vertrauen war weder blind noch selbstgefällig; es gründete sich einfach auf sein unerschütterliches Wissen, hervorgegangen aus seiner eigenen Erfahrung. Sein Schatz lag wahrhaft in seinem Innern, und seine Gewissheit darüber bildete die Grundlage für sein bleibendes Vertrauen.

Ich liebte Khenpo, wie ich nur jemals einen Menschen in meinem Leben geliebt hatte. Er war mein Lehrer, der Mann, vor dem nichts von mir verborgen blieb, und meine Anhaftung an ihn war stark. Ich hatte einmal einen Traum, in dem jemand mich fragte: „Warum lieben wir Menschen?" Ich antwortete: „Weil sie uns erkennen." Ich glaube, dass das stimmt. Wenn jemand eine grundlegend gute Qualität in uns erkennt, die jenseits unserer Gewohnheiten und Konditionierungen liegt, wenn jemand erkennt, wer wir im Grunde sind, so ist dies das Wichtigste, was uns geschehen kann, und wir reagieren mit tiefer Liebe. Khenpo erkannte und ermunterte das innerste Wesen all seiner Schüler, und wir liebten ihn innig.

Je stärker und konsequenter er mich jedoch anleitete, meine eigenen Fähigkeiten zu entfalten, meiner eigenen wahren Natur zu vertrauen, desto mehr stützte ich mich auf seine Gegenwart, damit er mich dorthin führte. Wenn ich mich über mein Gefühl der Unzulänglichkeit beklagte, forderte mich Khenpo mit Fragen wie: „Warum ist dein Sinn für das Streben so klein, so kraftlos? Warum nicht anstreben, ein befreiter Mensch zu sein, zum Besten aller Wesen? Warum nicht?" Und ich dachte: *Ist er nicht wunderbar, dass er so etwas sagt?* Wenn mich die Frage belastete, was ein Freund von mir denken mochte, erinnerte mich Khenpo noch einmal: „Auch die Gedanken, die im Geist eines anderen entstehen, sind leer. Sie sind ohne Substanz und vergänglich. Warum solltest du dich durch sie definieren lassen?" Und ich dachte: *Er hat Recht. Welch befreite Einstellung.* Wenn ich mit einer Mediationserfahrung prahlte, als sei sie ein Abzeichen der Verwirklichung, führte mich Khenpo wieder zurück zur Wahrheit: „Der Preis des Goldes geht auf und ab, aber der Wert des Goldes bleibt immer gleich. Deine Erfahrungen werden sich immer verändern, aber das, was deinen inneren Wert ausmacht, liegt in deiner Bewusstheit und in deiner Liebe." Und ich dachte: *Khenpos Buddha-Natur ist so offensichtlich, seine Qualitäten der Bewusstheit und Liebe sind so gut entwickelt. Welch ein Glück, ihm nahe zu sein.*

Das Ausmaß, in dem ich von Khenpos Gegenwart abhing, um mein Vertrauen aufrechtzuerhalten, wurde an einem Frühlingstag im Jahr 1999 mit einem unerwarteten Anruf in aller Schärfe enthüllt. Ich feierte den Geburtstag eines Freundes, als mich die Neuigkeit erreichte, dass Khenpo einen Gehirntumor hatte und wahrscheinlich sterben würde. Jedes Licht im Raum schien sich plötzlich zu verdunkeln. Ein Gefühl, als würde ich wieder die luftleere Kammer betreten, die zusammengepresste und einsame Welt eines verlassenen Kindes, machte sich in mir breit und ich dachte: *Sein Tod wird das Schlimmste sein, das mir jemals geschehen ist.* Sobald ich konnte, machte ich mich bereit, nach Frankreich zu reisen, um ihn zu sehen.

In den Tagen, bevor ich aufbrach, betrachtete ich oft die Bilder von Khenpo und der Taube auf meinem Kaminsims. Ich fragte mich, ob Khenpo sich zum Wegfliegen seines Lebens genauso verhielt wie zu dem Wegfliegen der Taube. Ich fragte mich, ob ich in der Lage sein würde, mich zu seinem Tod mit einer annähernd ähnlichen Anmut zu verhalten.

Khenpo lebte in der Dordogne, einer Region in Südwestfrankreich, auf dem Grundstück eines tibetischen Retreat-Zentrums. Gemeinsam mit Joseph Goldstein landete ich in Bordeaux und dann fuhren wir dorthin, vorbei an majestätischen alten Eichen- und Kastanienwäldern, durch Dörfer mit Steinhütten, Kirchen, Abteien und Schlössern, die aus dem dreizehnten und vierzehnten Jahrhundert stammen. Die Dordogne ist bekannt für ihren Reichtum an Zeugnissen der Menschheitsgeschichte, angefangen mit den Höhlenmalereien und Petroglyphen von Lascaux und Les Eyzies-de-Tayac, die etwa 200 000 Jahre alt sind. Es war eine Reise durch die Zeit, bei der sich die Zeitalter miteinander kreuzten und verschmolzen, bis die Gegenwart mit all dem aufgeladen zu sein schien, was in der Vergangenheit geschehen war.

Wir erreichten Khenpos Haus bei Einbruch der Dunkelheit, der Horizont war in rosiges Licht getaucht. Ich war besorgt, unsicher, was ich finden würde oder was ich sagen oder wie ich sein sollte. Khenpos Frau Damcho begrüßte uns mit einer Umarmung und brachte uns hinein. Khenpo saß in einem Rollstuhl im Wohnzimmer und betrachtete die Bäume durch eine gläserne Schiebetür, eingerahmt von Töpfen roter und violetter Blumen. Ich war schockiert von seiner Erscheinung – sein Gesicht war von dem Gehirntumor angeschwollen, was ihm ein merkwürdig fötales Aussehen verlieh, so als sei er der Geburt näher als dem Tod. Als er uns sah, schien er sich neu zu formieren, er lächelte und hielt uns den erhobenen Daumen entgegen. Er begrüßte Joseph herzlich und zeigte seine verblüffende Fähigkeit, meine Gedanken zu lesen, als er mir sagte, dass ich mich gut entwickelte, dass ich in meiner Meditationspraxis besser vorankam als beim letzten Mal, als er mich gesehen hatte (was stimmte). Da stand ich, und mir war mit einem Mal bewusst, wie sehr ich ihn nicht verlieren wollte und wie vergeblich dieser Wunsch war.

Die Tage wurden bald zur Routine: bei Khenpo sitzen, während er still bei uns saß oder während sein Diener ihn fütterte und wusch. Damchos Schwester kochte tibetisches Essen, das wir alle miteinander teilten. Manchmal kam Khenpos Arzt auf einen Besuch vorbei und berichtete uns über seine Verfassung. In Schichten fuhr jeder der Anwesenden Khenpo im Wohnzimmer herum, während wir heilige Mantras sangen. An dem Tag, an dem ich zum ersten Mal eine Schicht übernahm, war ich nervös, besorgt darüber, ob ich alles richtig machen würde, besorgt, dass ich ihn irgendwie aus dem Rollstuhl kippen und ihn verletzen, vielleicht sogar töten könnte. Es war, als hätte ich meine ganze Angst vor Khenpos bevorstehendem Tod in diese beängstigende Runde durch das Wohnzimmer hineingelegt.

Khenpo bemerkte mein wachsendes Unbehagen, während ich den Rollstuhl schob. Schließlich seufzte er und sagte: „Geh, setz dich auf die Couch und meditiere", und er rief nach Joseph, um für mich einzuspringen. Khenpo hatte zwar unerschütterliches Vertrauen in meine Buddha-Natur, aber er zweifelte zu Recht an meiner physischen Koordination. Ich war froh, mich zu setzen. Aber als ich mit der Meditation beginnen wollte, fragte ich mich, ob er wusste, wie sehr ich mich vor seinem Tod fürchtete.

Diese wenigen Tage in Khenpos Haus waren so, als würde ich in den Armen bedingungsloser Liebe ruhen. Die Luft war voller Segen. Damcho sorgte für Khenpo und jeden von uns mit ungeminderter Strahlkraft und Großzügigkeit. Leute, die bei Khenpo studiert hatten, kamen, um ihm ihre Achtung zu erweisen und ihre Dankbarkeit auszudrücken. Ein junger Mönch aus Bhutan wachte oft die ganze Nacht bei Khenpo und schien glücklich darüber zu sein. Eines Abends sahen Joseph und ich, wie Tulku Pema, ein angesehener Lehrer und der Direktor des Retreat-Zentrums, sich auf seine Knie niederließ und Khenpo fütterte. Tulku Pema sah vollkommen selig aus. Ich flüsterte zu Joseph: „Sieh dir sein Gesicht an. Er sieht aus, als würde er den Buddha füttern."

Ich war erstaunt über die Qualität der Liebe derjenigen, die Khenpo umgaben, und zutiefst inspiriert von ihr. Obwohl sie traurig waren, ihn sterben zu sehen, liebten sie ihn frei und vollständig. Sie liebten ihn nicht aus einer Verpflichtung für das heraus, was er ihnen gegeben hatte. Sie versagten ihm ihre Liebe nicht, obwohl er sie nicht mehr mit seinen weisen und brillanten Vorträgen versorgen oder sie zum Lachen bringen konnte. Sie wollten überhaupt nichts von ihm.

Die Qualität der Liebe, die jeder Einzelne von ihnen zeigte, war eine Widerspiegelung jener Buddha-Natur, die Khenpo in jedem von ihnen wahrgenommen hatte. Diese Buddha-Natur, mit ihren zwei Schwingen der Liebe und der Bewusstheit, ist das, was jeder von uns in Khenpo wahrgenommen hatte. Trotz seiner Verfassung zog er seinen Geist immer wieder von den weit entfernten Orten, an denen er weilte, zurück, um seiner Freude über die Mantras, die um ihn herum gesungen wurden, Ausdruck zu verleihen, um die Leute freundlich zu grüßen, um uns schöne Visionen zuoffenbaren, die er gehabt hatte und in denen er von Gottheiten Unterweisungen erhalten hatte. Obwohl er sich auf das Sterben vorbereitete, fragte er mich, wie ich mich fühlte, flüsterte mir eine Meditationsanweisung zu, lächelte mich an oder streckte mir den erhobenen Daumen entgegen. Seine Energie ergoss sich über mich, und ich konnte spüren, wie sein unerschütterliches Vertrauen in mich durch meine Poren einsickerte, mir zu sagen versuchte, dass es mir gut gehen würde und mich der Kraft meiner eigenen bedingungslosen Liebe erinnerte.

1971 hatte ich unter dem Bodhibaum in Bodhgaya den Entschluss gefasst, die Liebe eines Buddha zu entwickeln. Ein Buddha liebt es – wie Khenpo mit der Taube, wie Khenpo, der sein Leben gehen ließ –, den Wandel zu erblicken, dabei bleibt er warmherzig und liebevoll. Diese Qualität der Liebe, die sich als Hingabe, Mitgefühl, Güte manifestiert, beruht nicht darauf, die Dinge so zu erhalten, wie sie sind oder darauf, angsterfüllt in die Länge zu ziehen, woran wir hängen. Deshalb bleibt sie unvermindert durch all die unausweichlichen Veränderungen hindurch.

Die treibende Kraft der herkömmlichen Liebe ist die Anhaftung, sei es in intimen Beziehungen, Arbeitsverhältnissen oder Familien. Anhaftung hängt immer von speziellen Bedingungen ab. Wir lieben jemanden oder etwas, solange sie uns erfreuen, solange sich an unserer Zufriedenheit nichts ändert. Wenn unsere Freude bedroht ist, ist die Liebe bedroht. Voller Anhaftung verhalten wir uns zu der Unausweichlichkeit des Wandels mit schrecklicher Angst. Das war es, was ich durchmachte, als Ram Dass seinen Schlaganfall hatte.

Als ich dort bei Khenpo war, merkte ich, wie ich zwischen Liebe und Anhaftung hin und her schwankte. Trotz meines Entschlusses, die Liebe eines Buddhas zu entwickeln, hielt ich an Khenpo fest, mein Herz flehte, er möge in seinem Körper bleiben, als mein Lehrer, in diesem Leben, und niemals weggehen.

Die andere Facette der Buddha-Natur, die bei Khenpo so deutlich hervortrat, ist die Bewusstheit. Wie die bedingungslose Liebe gründet auch die Bewusstheit auf Nicht-Anhaftung. Es ist die Fähigkeit, direkt zu sehen, was geschieht, ohne Beeinflussung durch Vorurteile und ohne an irgendwelchen Erfahrungen festzuhalten oder sie zu verdrängen.

Eines Abends, während eines Retreats, trat ein Schüler auf Khenpo zu und fragte ihn, wie er bessere und mehr Erfahrungen in der Meditation erlangen könnte. Khenpo lachte. Er streckte ihm seine Gebetskette hin und sagte: Solche Wünsche sind so, als würde man diese Mala nehmen und sie dehnen und dehnen, um sie größer und besser zu machen, bis sie schließlich zerreißt. Wichtig ist nicht die besondere Erfahrung, die wir haben, denn die wird sich ohnehin verändern; wichtig ist das Vertrauen in das Wesen der Bewusstheit selbst."

Eine der besten Darstellungen der Bewusstheit stammt von Chögyam Trungpa Rinpoche. In einem seiner Kurse zeichnete er eine lockere V-Form in die Mitte eines weißen Papierbogens. „Was ist auf diesem Bild zu sehen?" fragte er. Alle Schüler antworteten: „Ein Vogel." „Nein", sagte Trungpa. „Dieses Bild zeigt den Himmel mit einem Vogel, der durch ihn hindurch fliegt." Wie der Himmel ist die Bewusstheit offen und voller Weite. Wenn wir uns auf die Weite konzentrieren anstatt auf irgendeinen bestimmten Gedanken oder ein Gefühl, die in ihr entstehen, sind wir frei.

Es gibt so viele Vögel, die durch den Himmel unserer Bewusstheit fliegen – Myriaden Gedanken und Gefühle, wie singende Nachtigallen, trommelnde Spechte, plappernde Papageien, elegante Reiher, imposante Falken und die Geier, die an manchen Tagen ihre Kreise ziehen, angezogen von unseren freiliegenden und verwundeten Herzen. Aber wenn wir uns von einem von ihnen hinreißen lassen, vergessen wir den Himmel. Keiner der Vögel wird uns Freiheit geben – jeder wird uns zu seinem jeweils eigenen Bereich endloser Veränderung führen. Jeder wird uns in Versuchung führen, seine Identität anzunehmen und die grenzenlose Weite der Buddha-Natur zu vergessen.

Wir können unser Vertrauen in diese Bewusstheit setzen, denn egal, welche vorüberziehenden Gedanken oder Gefühle entstehen, die Natur der Bewusstheit bleibt unverändert – rein, offen, unbefleckt. Es gibt eine Geschichte aus den Lehren des Buddha, die diese unwandelbare Natur hervorhebt. Wenn jemand in einem Raum steht und mit Farbe um sich wirft, werden dadurch die Wände, der Boden und die Decke gewiss beschädigt. Bewusstheit ist wie ein Raum ohne begrenzende

Dimensionen. Egal wie viel „Farbe" herumgeworfen wird, es gibt keine verunstaltende Auswirkung, keinen Ort, an dem sie landen könnte.

Die offene Natur der Bewusstheit kann alles aushalten, ohne beschädigt zu werden. Wenn wir uns auf diese unberührte Natur verlassen, können wir alles, was uns geschieht, als Teil des Entstehens und Vergehens aller Phänomene betrachten. Dies zu verstehen macht uns nicht passiv, sondern gibt uns die Fähigkeit, die Dinge von einer anderen Perspektive aus zu betrachten – das Wissen, dass in unserem Innern immer ein unversehrter Ort existieren wird. Dann brauchen wir nicht gelähmt zu sein von unserem Leid. Als ich Khenpo dem Tod so nahe sah, erkannte ich die Qualität seiner Bewusstheit – er reagierte auf alles, ohne auch nur von einer einzigen Erfahrung bestimmt zu sein, nicht einmal der des Sterbens. Ich wusste, dass ich an mein Leben herangehen musste, wie er an seinen Tod heranging – indem ich Zuflucht in derselben Kraft der Bewusstheit fand.

Am Ende unseres Besuches lag Khenpo im Bett, zu schwach, um aufzustehen. Als wir neben ihm meditierten, betete ich erfolglos, die Zeit möge still stehen. Dann war es Zeit zu gehen. Khenpo sammelte seinen Atem, um uns die letzten kleinen Ratschläge für unsere Praxis zu geben, und er ermutigte uns, der Natur von Liebe und Bewusstheit vollkommen zu vertrauen. Ich wusste, dass unabhängig davon, wie sehr ich ihn vermissen würde, Khenpos Weggehen mich dazu zwingen würde, Vertrauen zu meiner eigenen Buddha-Natur zu haben, anstatt mich nur auf seine zu stützen. Er dankte uns, dass wir gekommen waren, und legte seine zitternde Hand auf Josephs Kopf, dann auf meinen, um uns zu segnen. Als ich hinausging, wurde mir klar, dass bei all den vielen Todesfällen und Verlusten in meinem Leben dies das erste Mal war, dass ich mich von jemandem hatte verabschieden können, den ich liebte.

Weniger als zwei Monate, nachdem ich Khenpo in Frankreich gesehen hatte, starb er. Einige Tage später schloss ich mich einem Retreat an, das von einem hervorragenden jungen tibetischen Lehrer, Tsoknyi Rinpoche, geleitet wurde, der sehr ausführlich bei Khenpo studiert hatte. In den ersten Tagen des Retreats konnte ich beobachten, wie er ganz leise mehr und mehr von Khenpos Weisheit übernahm, so als würde er ihn in sich aufnehmen. Dies erinnerte mich daran, wie wir auf dem Weg zu Khenpos Haus durch die Dordogne gefahren und die Zeitebenen verschmolzen waren mit dem gegenwärtigen Augenblick.

Obwohl ich durch die neue Erfahrung dessen, was „Linie" im Sinne einer Kette von Reinkarnationen bedeutet, ermutigt war, empfand ich noch immer eine tiefe Traurigkeit bei dem Gedanken, Khenpo nie wieder zu sehen. Ich bemerkte, dass ich, anstatt wie Dipa-Ma zu fragen: „Was kann ich mit mir nehmen, wenn ich sterbe?" die Frage umformuliert hatte und mich fragte, was er für *mich* zurücklassen würde, wenn *er* stürbe. Ich war nach Frankreich gereist, halb in der Hoffnung, dass Khenpo mir etwas von sich geben würde, das mich immer tragen würde – einen Talisman, einen prägnanten Spruch, irgendetwas, woran ich mich würde klammern können, nachdem er gestorben war. Er hatte mich nur mit mir selbst zurückgelassen, und das schien nicht auszureichen.

Eines schönen Nachmittags war ich draußen und machte eine Gehmeditation. Der blaue Himmel war wolkenlos. Eine andere Frau kam zu mir hinüber, und obwohl wir eigentlich schwiegen, zeigte sie die Straße hinauf zum Bergkamm und flüsterte: „Hast du den Regenbogen gesehen?" Es war ein klarer Tag. Wie konnte da ein Regenbogen sein ohne Regen? Wie angestochen rannte ich die Straße hinauf, fast als würde ich geschoben.

Im Tibetischen Buddhismus hat die Tatsache, dass der Regenbogen existiert – eine lebendige Reihe vieler Farben, dabei ohne Substanz, lichtgeboren –, ihn zu einem Symbol für die wahre Natur des Lebens gemacht. Einen zu sehen wird als glücksverheißend betrachtet, als ein Anzeichen für den Segen der Buddhas, Bodhisattvas, Lehrer oder Buddhaaspekte.

Ich errreichte den Gipfel des Hügels und in aller Deutlichkeit erstreckte sich der Lichtbogen eines riesigen Regenbogens, schön, durchsichtig, leuchtend über den Himmel. Es fühlte sich an, als würde er von Khenpos Herz ausstrahlen. Mein eigenes Herz, das gerade noch so geschmerzt hatte, füllte sich mit einem Mal mit Freude. Mein Körper war so leicht, als könnte ich fliegen. Ich fühlte mich Khenpo so nah wie eh und je, als er noch am Leben war. Dieses Gefühl der Nähe brachte ein faszinierendes Verständnis der Wahrheiten mit sich, die ich kannte, aber mit einer neuen Intensität und Überzeugung: Genauso wie ich diesen Regenbogen nicht festhalten konnte, würde der Versuch, an Menschen, Erscheinungen, an allem Vergänglichen im Leben festzuhalten, nur mehr Leid verursachen. Was auch immer geschieht, wir können unser Vertrauen in die tiefste Essenz unserer selbst setzen, unsere Buddha-Natur. Fast konnte ich Khenpos Stimme hören, wie sie mich erinnerte: „Deine Erfahrungen werden sich immer ändern, sie werden auf und ab gehen, aber der dir innewohnende Wert liegt in deiner Liebe und in deiner Bewusstheit."

Es gibt eine beliebte tibetische Geschichte über einen mächtigen Banditen in Indien, der nach unzähligen erfolgreichen Überfällen das schreckliche Leiden erkannte, das er verursacht hatte. Er verzehrte sich nach einem Weg, wie er das, was er getan hatte, wieder gutmachen könnte und suchte einen berühmten Meister auf. „Ich bin ein Sünder", erklärte er. „Ich quäle mich. Wie kann ich da herauskommen? Was kann ich tun?" Der Meister musterte den Banditen von oben bis unten und fragte ihn dann, worin er gut sei. „In nichts", antwortete der Bandit. „In nichts?", rief der Meister aus. „Du musst in irgendetwas gut sein."

Der Bandit schwieg eine Weile, dann sagte er: „Es gibt da wirklich eine Sache, für die ich Talent besitze, und das ist stehlen." Der Meister war erfreut. „Gut", sagte er, „das ist genau die Fähigkeit, die du jetzt brauchst. Geh an einen ruhigen Ort und raube all deine Wahrnehmungen, dann stiehl die Sterne und Planeten im Himmel und löse sie auf im Leib der Leerheit, dem allesumfassenden Raum in der Natur des Geistes."

„Leerheit" ist ein buddhistischer Ausdruck für die Substanzlosigkeit unserer Erfahrungen, die entstehen und wieder vergehen. Als ich auf dem Gipfel des Hügels stand, konnte ich beginnen, die Wahrheit über meine Anhaftung an Khenpo zu erkennen. Ich wusste, dass er mir wie der Lehrer in der Geschichte sagen würde, dass ihre Natur substanzlos sei und dass sie wie alle Erfahrungen vorbeigehen würde. Ich wusste, dass, wenn ich wie der Dieb in der Geschichte gut in Traurigkeit und Reue bin, wenn ich gut in Ängstlichkeit bin, dann kann ich diese Dinge für ein besseres Verständnis nutzen. Wenn ich gut im Selbstzweifel bin, in dem Denken: *Ich werde das nicht richtig sagen*, oder: *Ich sollte damit besser umgehen*, dann kann auch dieser Zweifel als ein schmerzhafter Zustand betrachtet werden, als ein Vogel, der durch den Himmel der Bewusstheit fliegt. Mit Vertrauen in die Kraft der Bewusstheit würde ich mein ganzes Gewirr wilder schmerzhafter Gefühle als das erkennen können, was sie sind – im Wandel begriffen, in Bewegung, flüchtig. Sie mussten mich nicht in eine noch größere Hoffnungslosigkeit stürzen oder zu noch größerem Zorn, noch größerer Angst führen. Ich würde ihrer bewusst sein können, ohne mich von ihnen fangen zu lassen. Anstatt mich mich im Kummer oder in der Traurigkeit oder in der Reue zu beheimaten, konnte ich mich in der Bewusstheit darüber ansiedeln.

Auch wenn Khenpo gegangen war, konnte ich mich dem tiefsten Inneren meiner selbst zuwenden, um die Stärke zu entdecken, die ich jeden Tag brauchen würde, um die Möglichkeit der Freiheit zu ergreifen und sie Wirklichkeit werden zu lassen. Anstatt meine Liebe zu verlieren, als ich ihn verlor, waren die Liebe und die Bewusstheit, die er in mir erweckt hatte, *in* mir, ein Teil von mir, und konnten deshalb weit über die Spanne seines Lebens hinaus lebendig bleiben.

Vertrauen in unsere Buddha-Natur wird in Notzeiten nicht zerfallen, wird nicht auf Regenbögen bestehen, die ihre Position im Himmel bestimmen, wird die unregierbaren Elemente des Lebens nicht mit den darunter liegenden Wahrheiten verwechseln, auf die wir uns verlassen können. Wie der Buddha, der die Hand herunterstreckte, um die Erde zu berühren, als er unter dem Bodhibaum saß, weiß unerschütterliches Vertrauen die vertrauenswürdige Erde unserer eigenen Natur anzurufen. Dies ist es, wonach wir greifen können, um unsere Anstrengungen zu bezeugen – in dem Wissen, dass sie beständig ist, dass sie eine tiefere Wahrheit widerspiegelt, dass sie von den Dramen, die sich auf der Oberfläche abspielen, unberührt bleibt. Dies ist der Ort, an dem wir die wesentlichsten und dauerhaftesten Elemente unseres Lebens entdecken – die Wahrheiten über uns selbst, die uns mit allen anderen verbinden, die Wahrheiten, die durch alle Zeiten widerhallen, die Wahrheiten, die uns aus der Abhängigkeit von der brodelnden Welt befreien. Die Buddha-Natur in unserem Inneren ist es, die das bleibende Vertrauen in uns selbst authentisch macht und es von einem Hirngespinst oder einer sinnlosen Phantasie unterscheidet. Weil wir alle die Buddha-Natur haben, kann die Lebensgeschichte des Buddhas unsere eigene werden.

Unsere Leidenschaft, unsere Freude, unsere Ruhe und unser Zutrauen beruhen darauf, dass wir unser Herz öffnen für eine erweiterte Sicht dessen, wer wir wirklich sind, und für die Liebe und Bewusstheit, derer wir fähig sind. Mit diesem Verständnis müssen wir unser Leiden nicht so betrachten, als seien wir von der Liebe und dem Puls des Lebens abgeschnitten. Wir können uns daran erinnern, dass das Leiden uns nicht verschließen und uns nicht in die Verzweiflung führen muss, so als seien wir in einer Welt gestrandet, in der das Gute für andere da ist, und andere nur weit entfernt von uns existieren. Wenn wir nicht aus den Augen verlieren, wer wir wirklich sind, können wir Lucy daran hindern, die Fäden unseres Lebens zusammenzuweben. Wenn wir uns sehen, wie wir sind, können wir uns aus jedem Leid, dem wir begegnen, erheben, weder gebrochen noch verbittert, sondern mit einem sich ewig erneuernden Brunnen unerschütterlichen Vertrauens.

Epilog

Unser Herz vertrauensvoll hinzugeben bedeutet zu erkennen, dass unser Herz etwas wert ist, dass wir selbst in unserer tiefsten und wahrsten Natur von Wert sind. Wenn wir aus diesem Wissen heraus leben, ist unsere Gabe vollständig, freigebig und großzügig. Ich finde dieses großzügige Vertrauen perfekt ausgedrückt in einem der Verse von Lal Ded, oder Lalla, einer kaschmirischen Mystikerin aus dem vierzehnten Jahrhundert. Lalla sagt:

> Am Ende einer Nacht, in der der Mond verrückt war,
> erhob sich die Liebe Gottes.
> Ich sagte: „Ich bin es, Lalla."

So als würde sie die Bekanntschaft mit einem alten Freund wieder auffrischen, so ungezwungen, lieblich und vertraut spricht sie ihren Gott an. Ich bin verzaubert, fühle mich durch ihre sympathische, ihre ruhige Erwartung, erkannt zu werden, inspiriert. „Hallo, du erinnerst dich an mich, nicht wahr?" Lalla gibt sich vollständig hin, zeigt keine Zurückhaltung aufgrund eines mangelnden Selbstwertgefühls, keinen Zweifel an ihrem absoluten Recht, da zu sein, von Angesicht zu Angesicht mit der Weite ihrer absoluten Wahrheit. Ohne jeden Zweifel ist das Herz, das sie mitbringt, würdig. Noch lange Zeit, nachdem ich das Gedicht gefunden hatte, war es mein Prüfstein. Ich wollte sein wie Lalla, der Wahrheit des Lebens so nah.

Eines Tages, ich stand gerade vor einem wichtigen Wendepunkt meines Lebens, tauchte diese besondere Zeile in meinem Geist auf, umgewandelt in einen Satz, der mich selbst aus der Bewunderung für Lalla in ihre Position hineinwarf. Es hieß nicht mehr „Ich bin es, Lalla", sondern „Ich bin's, Sharon." Ich bin's, Sharon, als direkte Antwort auf die Frage, was es bedeutet, lebendig zu sein und eines Tages sterben zu müssen. Ich bin's, Sharon, Bestandteil einer sich ständig verändernden Wirklichkeit, in der alle Sicherheit wegfällt. Ich bin's, Sharon, nicht einen einzigen Schritt entfernt von meinem Potential an Liebe und Bewusstheit und meiner Fähigkeit, sie zu verwirklichen. Ich bin's, Sharon, die nicht länger Lallas direkte, substantielle, lebendige Verbindung zur Wahrheit aus der Distanz wertschätzt, sondern direkt von Angesicht zu Angesicht ihrer eigenen gegenüber steht.

Wie Lalla haben wir alle das absolute Recht, ohne Zurückhaltung nach dem zu greifen, was uns wichtiger ist als alles andere. Ob wir den Empfänger als Gott bezeichnen oder als einen tiefen Sinn unzerstörbarer Liebe oder als einen Traum von einer freundlicheren Welt, es ist der Akt, unser Herz herzugeben, in dem Vertrauen, dass sich irgendetwas in uns umwandelt, und was zuvor vielleicht bloß eine vage Abstraktion gewesen ist, entzündet sich zum Leben. „Ich bin es, Lalla", wird zu „Ich bin's ... wer wir auch sein mögen", indem wir erklären, dass wir nicht weiter am Wegesrand stehen, sondern direkt in das Zentrum unseres Lebens, unserer Wahrheit, unseres ganzen Potentials springen. Niemand kann uns diesen Sprung abnehmen, und niemand muss es tun. Dies ist unsere Reise des Vertrauens.

Der Weg
zum sinnvollen Leben

Dalai Lama
**Der Weg zum
sinnvollen Leben**
Das Buch vom Leben
und Sterben
192 Seiten, gebunden
mit Schutzumschlag
ISBN 3-451-28096-5

Richtig und gut zu leben ist nur möglich, wenn wir bedenken, dass wir
sterben werden. Dieses Wissen teilt die buddhistische Tradition mit
anderen religiösen Überlieferungen. Der Dalai Lama gibt hier eine
meditative Einführung in ein zentrales Thema unserer Sinnsuche. Wir
sind alle Reisende auf diesem Planeten, die nur eine kurze Zeitspanne
an einem Ort verweilen: „Wenn Sie während dieser kurzen Zeit andere
glücklich machen, werden Sie sich selber glücklich fühlen. Wenn Sie
Probleme verursachen, was war dann der Nutzen Ihres Besuches – auch
wenn Ihnen während dieser Zeit keine Schwierigkeiten erwachsen sind?"
(S. H. Dalai Lama).

HERDER